PULVIRENTI

Achille Bonito Oliva

PULVIRENTI

S T A M P I

CHARTA

Progetto grafico
Design
Gabriele Nason

Coordinamento redazionale
Editorial coordination
Emanuela Belloni

Redazione / Editing
Elena Carotti

Impaginazione / Layout
Daniela Meda

Traduzioni / Translations
Scriptum, Roma

Ufficio Stampa / Press Office
Silvia Palombi Arte&Mostre, Milano

In copertina / Cover
Il progresso è nell'oro, 2000
(particolare / detail)
Collezione Liana Pasini, Roma

Coordinamento della mostra
Coordinator of the exhibition
Silvia La Padula

Fotografie delle opere
Photographs of works
Mimmo Capone

Altre fotografie / Other photographs
Marco Ciuffreda
Fabrizio Martinez
Paolo Monello
Giovanni Ricci

Elaborazione al computer
Computer enhanced by
m.a.g. grafica, Roma

Fonderie / Foundries
IMMART, Roma
Foschi, Roma

Assicurazione / Insurance
LLOYD'S di Londra

Trasporti / Shipping company
Gondrand

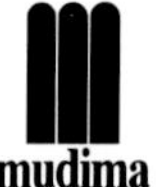

Fondazione Mudima, Milano

Presidente / President
Gino Di Maggio

Curatore / Curated by
Gino Di Maggio

Coordinamento / Cordination
Gianluca Ranzi
Viviana Succi

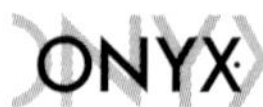

Presidente / President
Stefano Pastorelli

Vice Presidente / Vice President
Liana Pasini

Curatore / Curated by
Marco Colantoni

ISBN 88-8158-273-2

Edizioni Charta
via della Moscova, 27
20121 Milano
Tel. +39-026598098/026598200
Fax +39-026598577
e-mail: edcharta@tin.it
www.artecontemporanea.com/charta

Printed in Italy

Stampi *ha preso vita grazie anche alla preziosa collaborazione di un gruppo di amici professionisti con i quali lavoro da molti anni: il fonditore Pietro Caporrella, gli scultori Dumitru Guita e Bruno Tavani, il fotografo Mimmo Capone, il collezionista Arsenio Pica. Rivolgo un particolare ringraziamento a Marco Colantoni.
A Stefano e Liana Pastorelli, generosi sostenitori della mostra, va la mia riconoscenza.*

Giuseppe Pulvirenti

Stampi *took form thanks to the precious collaboration of a group of friends and professionals with whom I have worked for many years: the caster Pietro Caporrella, the sculptors Dumitru Guita and Bruno Tavani, the photographer Mimmo Capone, the collector Arsenio Pica. I would like to pay special thanks to Marco Colantoni. A special acknowledgment goes to Stefano and Liana Pastorelli, generous supporters of the exhibition.*

Credo che l'incontro ravvicinato tra due linfe vitali della società di ogni tempo, i giovani e l'arte, sia un'esperienza a cui un'azienda leader come la Onyx debba credere con entusiasmo. Sono certo che la diffusione e la conoscenza dell'arte in tutte le sue molteplici forme ed espressioni, sia quelle del passato che quelle del presente, non possano che giovare e rendere possibile una presa di coscienza della fantasia, della creatività e soprattutto dell'innovazione che attraverso la produzione artistica viene proposta. I giovani sono un terreno fertile, pronto a ricevere messaggi e valori: prepararli a guardare il mondo dell'arte come esperienza accessibile e presentare come un gioco le opere degli artisti è un impegno che la Onyx sente di affrontare con energia e coraggio.
L'invito a guardare, ad archiviare nella memoria, a ricevere impulsi, a criticare, è quello che stiamo facendo dalla nostra prima mostra di Robert Morris tenutasi nel 1997 al Palazzo delle Esposizioni di Roma, per avere giovani che con naturalezza, con gioia e semplicità riescano a maturare il gusto e l'abitudine all'osservazione.
Operando nel mondo della moda per ragazzi, sappiamo quanto sia importante proporre idee e creare abiti e oggetti che diventano stile di vita. Con la stessa convinzione crediamo che l'arte possa diventare un tramite tra l'immaginario giovanile e la fantasia creativa degli artisti.
La mostra di sculture di Giuseppe Pulvirenti è occasione per me di provocare curiosità, meraviglia, consensi e fermenti intorno ad una personale immaginazione.

Stefano Pastorelli
Onyx

I believe that the close encounter between two vital forces in society, young people and art, is an experience that a leading company such as Onyx must support with enthusiasm. I am certain that the wider awareness of art in all its varied forms and expressions, both those of the past and those of the present, cannot fail to favor a greater awareness of the creative imagination and above all the innovation that lies behind art. Young people are a fertile terrain, ready to take in messages and values: to encourage them to approach the world of art as an accessible experience and to present works of art as a game is a commitment that Onyx is ready to face with energy and courage.
Since our first exhibition of the work of Robert Morris, which was held in the Palazzo delle Esposizioni in Rome in 1997, we have been inviting young people to look, to store in the memory, to absorb impulses and to criticize, with the aim of allowing them to develop the desire to observe art with natural pleasure and simplicity.
As a company involved in the field of youth fashion, we know how important it is to present ideas and to create clothes and accessories that can represent a lifestyle. We are equally convinced that art can bring together the spirit of young people and the creative imagination of artists.
The exhibition of Giuseppe Pulvirenti's sculptures is an opportunity for me to encourage curiosity, wonder, admiration and discussion around the work of a very personal imagination.

Stefano Pastorelli
Onyx

Mi ha sempre incuriosito capire perché il mio rapporto con l'arte non si è rivolto mai tanto agli oggetti, alle opere, quanto a chi l'arte la produce, all'artista in quanto individualità creativa.
Così è avvenuto anche per l'incontro con Giuseppe Pulvirenti, prima con l'uomo e poi, di conseguenza, con le sue opere: la mia è sempre stata un'esperienza innanzitutto di vita, un incontro tra due individualità che rimette ogni volta in discussione le medesime domande rispetto alle questioni ontologiche dell'esistere, chi siamo? Da dove veniamo? Perché ci siamo?
La ricerca artistica che percorre le nuove sculture di Pulvirenti esposte alla Fondazione Mudima ruota intorno al tema dell'ambiguità dell'oggetto, laddove, se dapprima tale ambiguità investiva soprattutto la materia scultorea, il suo versante formale, oggi ha invece a che fare direttamente con il suo contenuto, con la sua stessa essenza costitutiva, rimettendo in gioco la funzione e il collocamento dell'oggetto scultoreo nel suo orizzonte di senso di riferimento.
Credo che l'artista vero, tra tutti gli esseri viventi sia quello che ha nel suo patrimonio genetico la memoria biologica più sensibile rispetto al momento sorgivo iniziale, allo "stampo" primordiale destinato poi a originare la totalità delle cose.
Le opere recenti di Giuseppe Pulvirenti mi sembra che ripetano, rivivano, nella loro indistinzione concettuale e funzionale, la stessa meccanica che si è infinitamente ripetuta nell'universo, ne condividono in pieno la tabula rasa, *il momento iniziale in cui tutto è ancora* in fieri, *quello che il fisico americano Thom chiamava "inward crisis point", con tutta la sua incandescente forza creativa.*
Il corto circuito del senso che talune opere come Terra *o* Impronta 3491 *suggeriscono, pare metta in scacco più l'aspettativa dell'osservatore che non le ragioni dell'opera stessa: se all'osservatore può dapprima sfuggire il senso formale di ciò che fa l'artista, ne è comunque subito affascinato in termini mitologici, riconoscendo nella sua aura e nell'essenza dell'opera un contesto di mistero rivelato o in via di rivelazione.*
Se c'è quindi qualcuno capace di porre in evidenza questa memoria rimossa che appartiene a tutti, non può che essere l'artista stesso con la sua energia creativa e lo spettatore non può non riconoscergli grandi titoli, grande affascinazione, in virtù della memoria collettiva che ha saputo riportare in luce.

Gino Di Maggio
Fondazione Mudima

I have always been curious to understand why my relationship with art has never centered so much on the object, the work, as on the person who produces the art, the artist as a creative individual. This was also the case with my encounter with Giuseppe Pulvirenti, first with the man and then, as a consequence, with his works. Mine has always been an experience of life, above all, an encounter between two individuals that always brings into play the same ontological questions about our life. Who are we? Where do we come from? Why do we exist?

The artistic research behind the new sculptures on exhibit at the Fondazione Mudima focuses on the theme of the ambiguity of the object: while previously this ambiguity mainly concerned the material of the sculpture, its formal aspect, it is now directly related to its content, with its very essence, calling into question the function and the collocation of the sculptural object in terms of its framework of meaning.

I believe that true artists, of all living beings, are those whose genetic patrimony contains the most sensitive biological memory with respect to the initial moment of our origin, to the primordial "imprint" destined to give rise to all things.

In their conceptual and functional ambiguity, the recent works of Giuseppe Pulvirenti seem to me to repeat and relive the same mechanism that has been repeated endlessly in the universe, sharing with it the tabula rasa, *the initial moment in which everything is* in fieri, *what the American physicist Thom called the "inward crisis point", with all its explosive creative force.*

The short circuit of meaning produced by works like Terra *or* Impronta 3491 *seems to challenge more the expectations of the viewer than the reasons of the work itself: although the viewer may at first miss the formal meaning of what the artist is doing, he is in any case immediately struck in mythological terms, recognizing in the aura and the essence of the work a context of mystery revealed or on its way to being revealed.*

So if anyone at all is capable of bringing out the repressed memory that belongs to everyone, it can only be the artist himself, with his creative energy, and the viewer cannot fail to acknowledge his spectacular power, as a result of the collective memory.

Gino Di Maggio
Fondazione Mudima

Sommario / Contents

La "cosa" della scultura

Achille Bonito Oliva

La scultura, si sa, è un genere che vuole essere perdonato. Perdonati l'ingombro, l'invadenza volumetrica e talvolta la sua monumentalità. Il ricorso all'astrazione e alla geometria sono sintomi di un atteggiamento dell'arte contemporanea verso questo genere, teso alla fondazione di un'autonomia rispetto agli oggetti che ci circondano.

Nello stesso tempo la scultura praticata dalle ultime generazioni sviluppa un movimento ambivalente verso la realtà, entro cui si calano le forme prodotte dall'artista. Da una parte certamente un atteggiamento antimimetico e dall'altra il tempo, l'allusione al quotidiano, per sfuggire alla retorica celebrativa di un genere spesso adoperato in termini monumentali.

Giuseppe Pulvirenti adopera la scultura nel tentativo di congiungere due opposti estremismi che sembrano derivare dai riferimenti al funzionalismo e al dadaismo duchampiano, all'ironia di De Chirico e al rigore lineare di Frank Stella, alla scultura come forma di misura e contemporaneamente come "cosa".

Inizialmente Pulvirenti adopera la scultura nella metà degli anni Ottanta come strumento di depurazione della materia ottenuta mediante la semplificazione della forma, la pulizia del bordo che separa l'interno dell'opera e l'esterno della vita.

Tale separazione è frutto anche di un gusto metafisico che accompagna costantemente la produzione scultorea del giovane artista siracusano, concettualizzandone gli esiti formali e nello stesso tempo dando peso gravitazionale al progetto.

Se l'arte è costretta ad affermare continuamente la propria autonomia, a segnare il confine tra arte e vita, essere e apparire, l'artista delle ultime generazioni alleggerisce tale separatezza mediante la continua allusione all'oggetto quotidiano.

Tale allusione nel caso di Pulvirenti è frutto anche di un contesto altamente sviluppato a livello tecnologico e produttivamente elevato a livello industriale.

La geometria delle forme e la continua allusione oggettuale sviluppano un *trend* creativo nell'opera che accoglie dentro il pro-

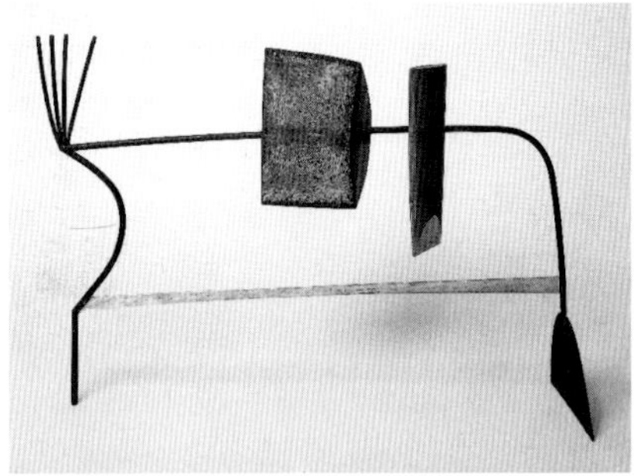
Senza titolo, *1988*

cesso elaborativo l'investigazione sulla funzione dell'arte e il suo essere quello che è.

Con estrema radicalità l'artista opta per una funzione interiore delle sue forme, sviluppa una poetica che sa accogliere il rumore silenzioso che abita le forme enigmatiche delle sue sculture.

Queste perdono volutamente la grande dimensione e si stabilizzano su un piccolo formato, più adatto a contenere sottili vapori metafisici.

Ma la metafisica non è frutto di uno scontornamento dell'oggetto quotidiano, estremizzato dalla Pop Art nell'evidenziamento dell'universo consumistico, piuttosto della capacità dell'artista di coniugare insieme le forme astratte del minimalismo e quelle concrete di un particolare *ready-made*, non bello e fatto, e dunque semplicemente trovato, ma bello ed elaborato e dunque semplicemente costruito.

Tale costruzione è anche frutto di una ironia che attraversa l'opera di Pulvirenti il quale sembra adottare nel suo procedimento l'affermazione di Goethe: "L'ironia è la passione che si libera nel distacco".

In questo caso la scultura si libera del suo peso, della grande dimensione e del pieno, ossessione tutta occidentale di questo genere.

Da qui la preferenza per il vuoto, lo scarto dei materiali di fusione e l'idea della forma come matrice di un pensiero oggettivato nella "cosa".

Alle soglie del 2000, la "cosa" diventa il genere allusivo di Pulvirenti che tende alla costruzione di forme singolari e nello stesso tempo modulari: squadre, curve, impronte e gomme.

Con didattica ironia lo scultore pone alla nostra attenzione sei oggetti in alluminio, dipinti e proposti come in vetrina al nostro sguardo.

Ecco che le forme sviluppano un doppio movimento di avvicinamento e distanziamento. Il primo per la familiarità con normali strumenti di lavoro e il secondo per le precise scanalature colorate che rinviano a un ordine geometrico, autoreferenziale per l'oggetto stesso.

Pieno e vuoto, senso chiuso dell'enigma e oggettività aperta della forma, costruiscono intorno alla produzione attuale di Pulvirenti un recinto silenzioso che non è mai labirintico.

La scultura sembra assumere il cordiale adattamento di una "cosa" che comunque prima non esisteva. Borgesianamente squadre, curve, gomme e impronte diventano grimaldelli di apertura verso il cavo interiore della cosa-scultura.

Ecco che la "cosa" perde il proprio proverbiale carattere accidentale, realtà precostituita e semplice inciampo del nostro quotidiano.

Qui è la scultura che si fa "cosa", mediante un processo quasi buddista che preferisce il microcosmo al macrocosmo, l'impronta di una forma preesistente. L'esplicito omaggio a Marcel Duchamp in ogni caso sembra riscattare il destino modulare e moltiplicabile che ha segnato la storia del *ready-made*. Se è riproducibile all'infinito ogni pieno, il vuoto, impronta del pieno, memoria di un'azione mentale, è un vapore formalizzato nell'opera, che si dissolve nel tentativo di moltiplicarlo.

Così Pulvirenti dà scacco al sistema riproduttivo della scultura, riproducibile spesso per cinismo e vanità, e nello stesso tempo non lascia mai da sola la "cosa". Così *Invasi*, *Terre*, *Sezioni di minio* si presentano accoppiati al nostro sguardo, contenitori e portatori di forme similari e nello stesso tempo differenziate.

Uno spirito positivamente globalizzante regge l'opera di Pulvirenti che fa dialogare Oriente e Occidente, Barocco e Buddismo insieme, concedendo alla scultura la capacità concettuale di essere nello stesso tempo forma di una "cosa" e memoria di essa, geometria allusiva ed enigma ironico.

Pulvirenti riprende una tradizione della Metafisica sempre impregnata di spirito letterario, ne tempera il lato mitologico, tipico di De Chirico, per accedere forse ludicamente all'isola dei giocattoli di Savinio.

Qui il gioco non avviene sulla pelle della pittura, accetta invece

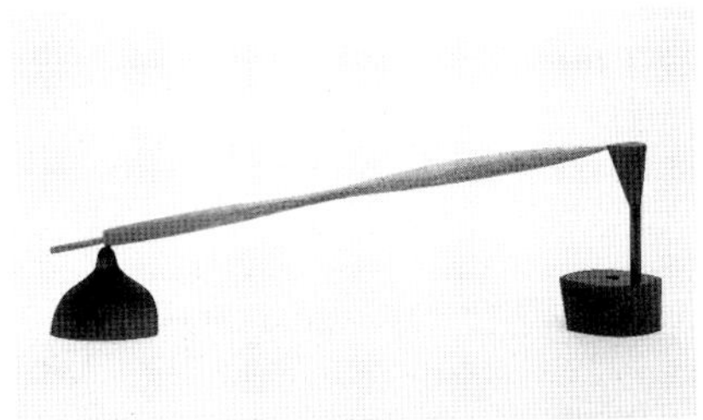

Ariete, *1990*

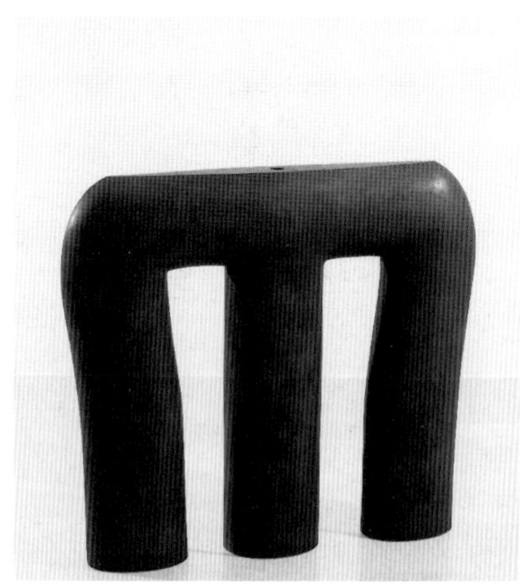

Senza titolo, *1992*

l'ingombro e la presenza oggettuale. Come per affermare e negare nello stesso tempo, peso della materia ed *esprit de finesse*. Il luogo comune della scultura come pieno, precipita nell'astrazione di un vuoto reso concreto e visibile dalla forma.
La forma conserva una positiva ambivalenza, tesa all'evidenza del senso e alla sua contemporanea interdizione.
Ecco manifestarsi la felice amoralità dell'arte, sostenuta dalla coscienza per niente infelice dell'artista che non chiede alla sua opera di partecipare funzionalmente al sistema, piuttosto di dichiarare la propria irresponsabilità al riguardo.
Per maggior chiarezza, negli ultimi anni Pulvirenti è passato dalla grande dimensione ad un formato ironicamente tascabile della scultura, che può viaggiare con la stessa velocità delle idee sedimentate all'interno. Così la materia viene emancipata dalla propria servitù gravitazionale, spostata in un luogo abitato dalla leggerezza e dall'allusione. Leggerezza non significa movimento di superficie e allusione, semplice indecisione o vaghezza.
Piuttosto Giuseppe Pulvirenti riesce nell'intento di disancorare la scultura da ogni statuto monumentale, di aprirne l'esemplarità verso la cordialità di una "cosa", nello stesso tempo enigmatica.
L'enigma è reso palpitante e visibile da una linearità formale che scontorna l'oggetto, definendolo secondo un ordine geometrico mai fine a se stesso, piuttosto allusivo di un ordine mentale comunque autoironico e senza superbia.
Su questo si fonda la seria post-modernità di una scultura che all'imbocco del 2000 non crede alla separazione tra innovazione e citazione, progetto e memoria. Piuttosto sceglie l'ambivalenza di una opzione linguistica come questa di Pulvirenti, capace di smussare gli opposti estremismi, senza smarrire la propria traiettoria creativa.
Emblematiche in tal senso le opere *Gomma* e *Vuoto* che dal titolo già dichiarano un intento poco stanziale del proprio destino, la volontà di rimbalzare altrove e quanto meno di non produrre resistenza. In ogni caso tali intenti sono paradossalmente inscatolati

e ben esposti in contenitori invitanti al tatto e nello stesso tempo ben formalizzati al nostro sguardo.
La scultura diventa la "cosa" che afferma la memoria di sé e nello stesso tempo ne formalizza l'irrealtà. La scultura è "oggetto impossibile" in questo senso, in quanto finalmente ha deciso di chiedere perdono per il proprio ingombro e invadenza, preferendo un *trend* introspettivo, comunque per niente intimistico e solipsistico.
In definitiva la scultura si fa "cosa" in Pulvirenti, senza alcuna estasi materialista. E senza alcuna estasi materialista l'artista conferma il calco vuoto della forma, ricco di echi e di rimbalzi del senso, sibillinamente e inevitabilmente presente in ogni opera d'arte.

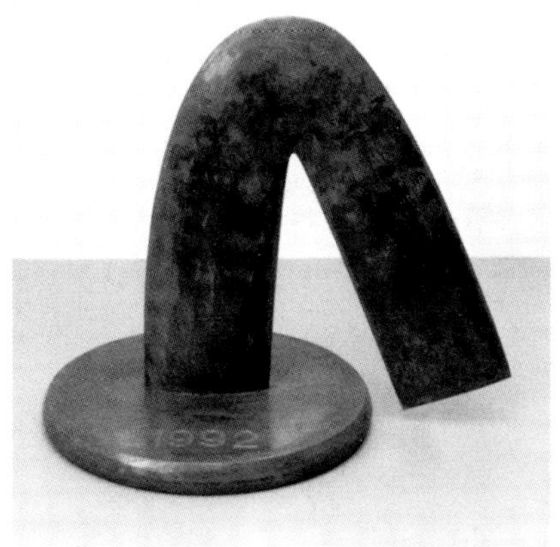

Scultura miliare, *1992*

Sculpture as "thing"

Achille Bonito Oliva

Sculpture, as we know, is a genre that wishes to be forgiven. Forgiven for its encumbrance, its occupation of space, sometimes its monumentality. The move towards abstraction and geometry are symptoms of a new attitude towards sculpture in contemporary art, aimed at the establishment of a sense of autonomy with respect to the objects that surround us. At the same time, the sculpture created by contemporary artists develops an ambivalent movement towards reality, a movement within which the forms created are contained. On one hand there is an anti-mimetic attitude, and on the other, the allusion to everyday reality, in order to escape from the triumphant rhetoric of a genre often used for monumental purposes. Giuseppe Pulvirenti uses sculpture to try to bring together two extremes that seem to derive from references to functionalism and to Duchampian dadaism, to the irony of De Chirico and to the linear rigor of Frank Stella, to sculpture as a form of measurement and at the same time as a "thing".

Pulvirenti first uses sculpture, in the mid-1980s, as an instrument to cleanse the material obtained through the simplification of form, to clean the edge that separates the inside of the work from the outside of life.

This separation is also the result of a metaphysical taste that is always present in the work of the young artist from Siracusa, conceptualizing the formal products and at the same time endowing the project with gravitational weight.

Art is forced continually to declare its autonomy, to mark out the confine between art and life, being and appearing, but contemporary artists reduce this separateness through continuous allusion to everyday objects.

In Pulvirenti, this allusion is also the result of a context that is highly developed at a technological level and productive at an industrial level.

The geometry of the forms and the continuous allusion to objects develop a creative tendency in the work that includes the investigation into the function of art and its being what it is.

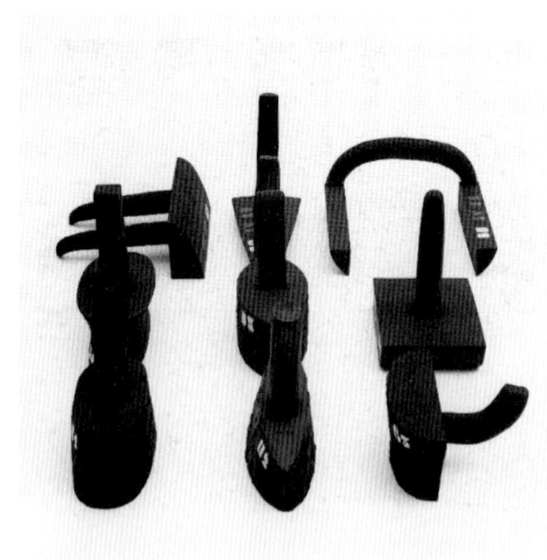

Reperti, *1992-1993*

The artist opts extremely radically for an interior function of his forms, and develops a poetics that manages to convey the silent noise that inhabits the enigmatic forms of his sculptures.
These forms are deliberately reduced in size, and are thus more suited to the expression of subtle metaphysical suggestions.
Metaphysics, however, is not the fruit of a silhouetting of the everyday object, a method taken to the extreme by Pop Art in its highlighting of the consumerist world, but rather of the ability of the artist to combine the abstract forms of minimalism with the concrete forms of a special kind of ready-made: not the object as it is and simply found, but the object as it is developed and thus simply constructed.
This construction is also the fruit of the irony that is ever-present in the work of Pulvirenti, who seems to adopt Goethe's statement: "Irony is the passion that is released in detachment."
In this case sculpture is released of its weight, of its large dimensions and fullness, a wholly Western obsession with regard to sculpture.
This explains the preference for emptiness, the use of the residue of materials of fusion, and the idea of form as the matrix of thought made object in the "thing".
On the threshold of the new millennium, the "thing" becomes Pulvirenti's allusive genre, which tends towards the construction of forms that are singular and at the same time modular: squares, curves, imprints and rubbers.
With a didactic sense of irony, he presents us with six objects in aluminum, painted and displayed to our gaze as in a window.
The forms, as we have seen, develop a dual movement, becoming both closer and further away. The former due to the familiarity with normal tools of work, and the latter due to the precise, colored grooves that convey a self-referential geometric order.
Full and empty, the closed sense of the enigma and the open objectivity of the form create a silent fence around Pulvirenti's current work, a fence that is never labyrinthine.

The sculpture seems to assume the cordial adaptation of a "thing" that did not exist previously. In the manner of Borges, squares, curves, imprints and rubbers become picklocks that open the way to the inner hollow of the sculpture-thing.
And so it is that the "thing" loses its proverbial accidental character, a pre-constituted reality and merely an obstacle in our daily life.
Here it is the sculpture that becomes "thing", through an almost Buddhist process that prefers the microcosm to the macrocosm, the imprint of a pre-existing form. The explicit homage to Marcel Duchamp seems to redeem the modular and multipliable destiny that characterizes the history of the ready-made. However, if every full form can be reproduced *ad infinitum*, then the void, the imprint of the full form, the memory of a mental action, is a suggestion formalized in the work that dissolves in the attempt to multiply it.
Thus Pulvirenti puts a check on the reproductive system of sculpture, often reproducible for reasons of cynicism and vanity, and at the same time never leaves the "thing" alone. Thus *Invasi*, *Terre* and *Sezione di minio* are presented to us as pairs, the containers and bearers of forms that are similar and at the same time distinct.
The work of Pulvirenti is underpinned by a positively all-encompassing spirit that creates a dialogue between East and West, Baroque and Buddhism, giving sculpture the conceptual power to be both the form of a "thing" and its memory, allusive geometry and ironic enigma. Pulvirenti draws on a tradition of Metaphysical Painting always impregnated with a literary spirit, and tones down the mythological side (typical of De Chirico) to enter, perhaps playfully, Savinio's island of toys.
Here the game does not make play of painting, but accepts the encumbrance and the presence of the object. As if to affirm and negate at the same time, the weight of the material and *esprit de finesse*. The commonplace of sculpture as fullness crashes in the abstraction of a void made concrete and visible by form.

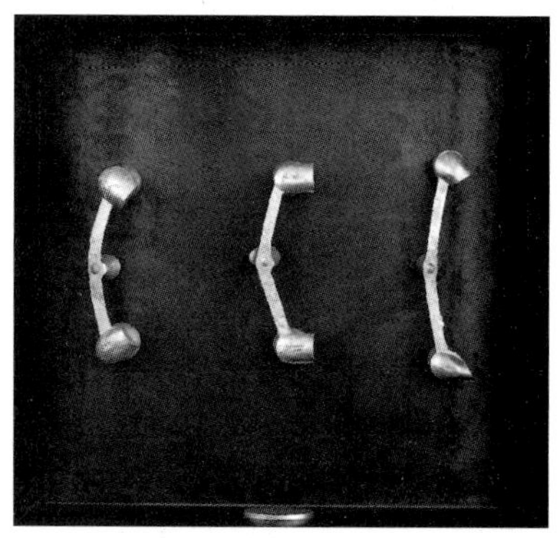

Alluminio di scarto, *1994*

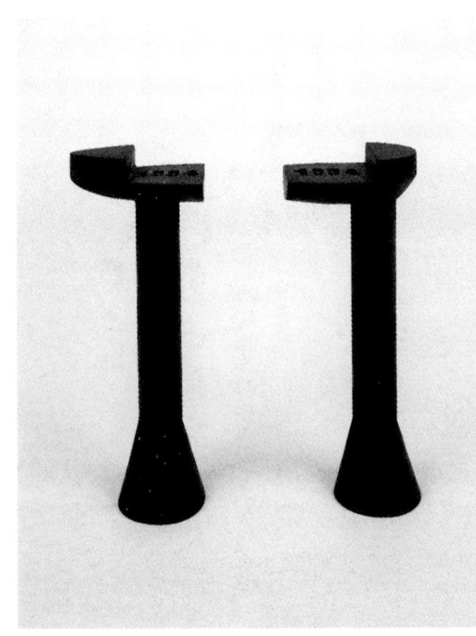

Punta, *1995*
Tacco, *1995*

The form maintains a positive ambivalence, highlighting and at the same time denying its meaning.
What emerges is thus the happy amorality of art, supported by the not unhappy awareness of the artist who does not ask his work to take a functional part in the system, but rather to declare its lack of responsibility in this respect.
In the last few years Pulvirenti has moved from large-scale works to an ironically pocket-size format of sculpture, which can travel at the same speed as the ideas layered inside it. Thus the material is freed from its gravitational burden, shifted to an environment inhabited by levity and allusion. Levity does not mean surface movement, and allusion does not mean simple indecision or vagueness.
Rather, Giuseppe Pulvirenti succeeds in his aim of freeing sculpture from any monumental function, opening its exemplariness towards the cordiality of a "thing", at the same time enigmatic.
The enigma is made tangible and visible by a formal linearity that silhouettes the object, defining it according to a geometric order that is never an end in itself, but the allusion to a mental order that is self-mocking and devoid of conceit.
This is the basis of the serious post-modernity of a form of sculpture that does not believe, at the threshold of the new millennium, in the separation between innovation and citation, project and memory. It chooses, instead, the ambivalence of a linguistic option like that of Pulvirenti, capable of rounding off opposite extremes without losing sight of its own creative direction.
In this sense, the works *Gomma* and *Vuoto* are typical, already announcing in their titles an intent that is not fixed, a desire to move elsewhere or at least not to produce resistance. In any case these aims are paradoxically canned and carefully displayed in containers that are inviting to the touch and at the same time carefully formalized to our gaze.
Sculpture becomes the "thing" that affirms the memory of itself and at the same time formalizes its unreality. The sculpture is an

"impossible object" in this sense, in that it has finally decided to ask for forgiveness for its encumbrance and invasion of space, preferring an approach that is introspective, though by no means solipsistic.

Ultimately, in Pulvirenti the sculpture becomes "thing" without any materialistic ecstasy. And without any materialistic ecstasy the artist confirms the empty mould of the form, full of echoes and reflections of meaning, present in an enigmatic and inevitable manner in every work of art.

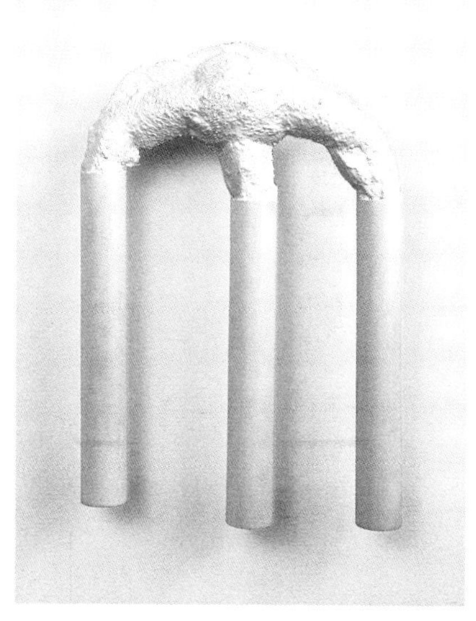

Invisibile, *1995*

OPERE
WORKS

Squadre, 1999

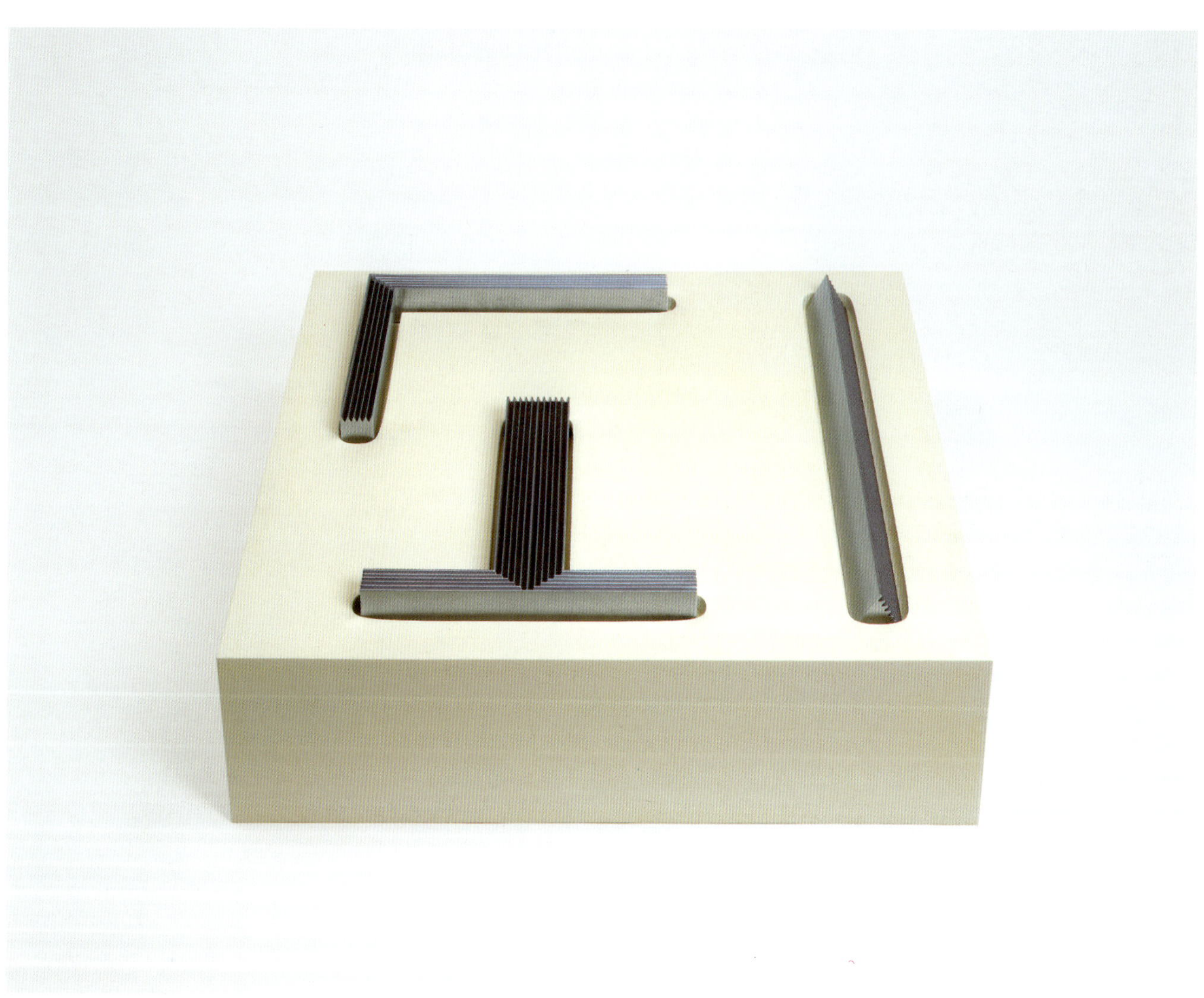

Curve, 1999

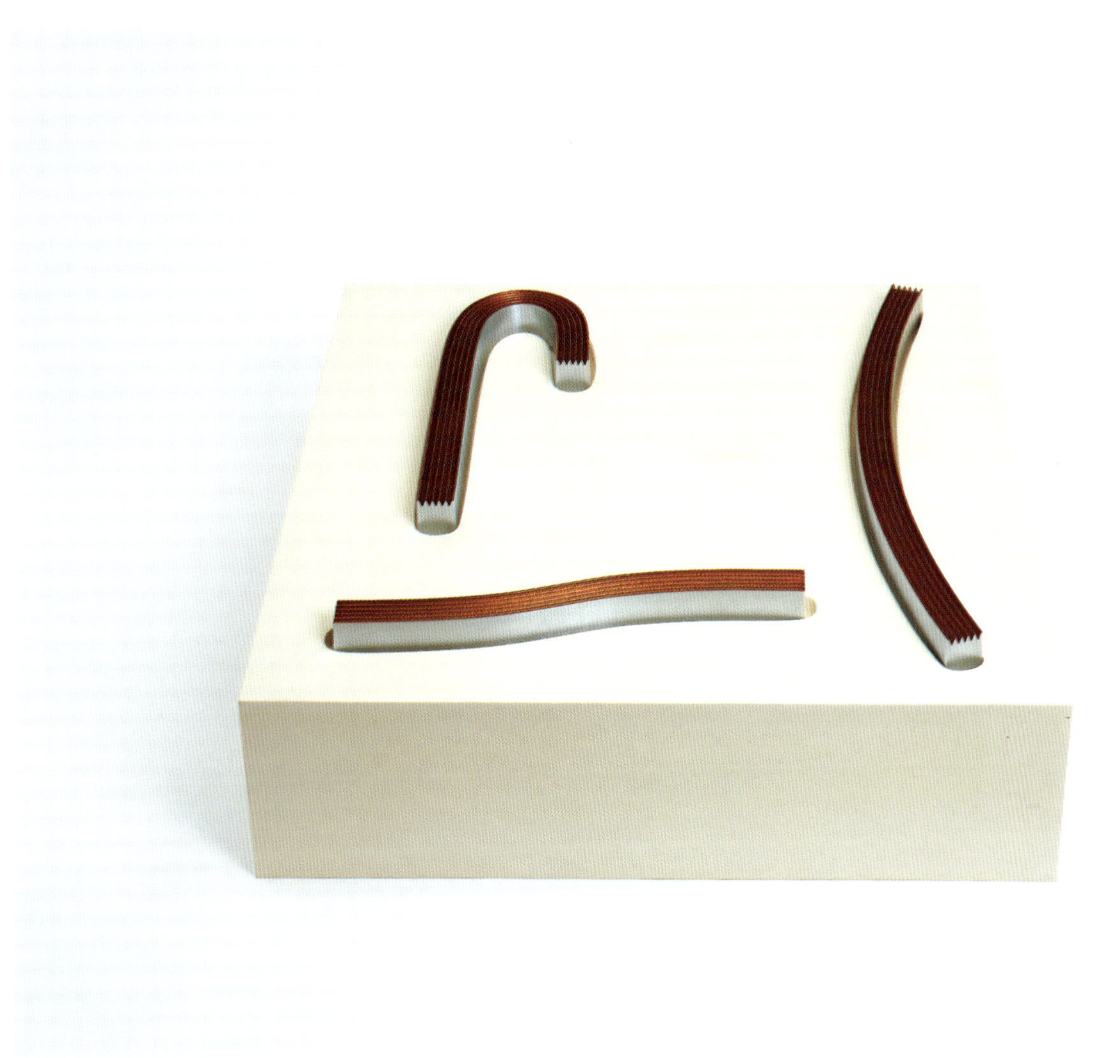

Senza titolo, 1998

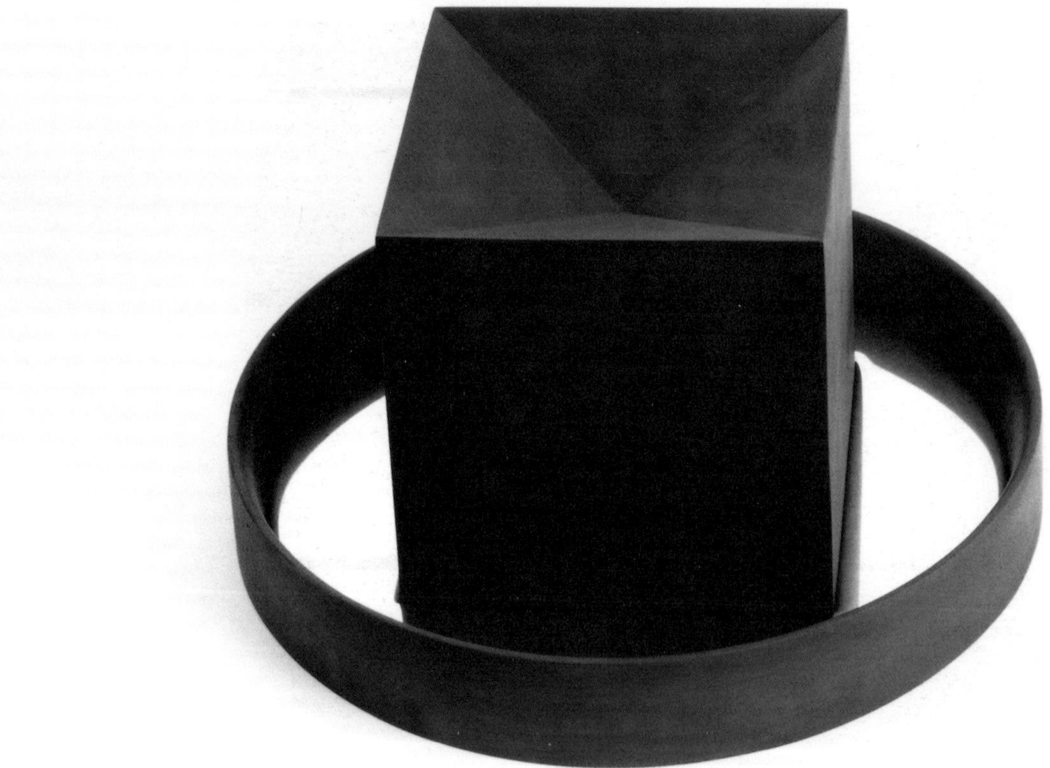

Senza titolo, 1998

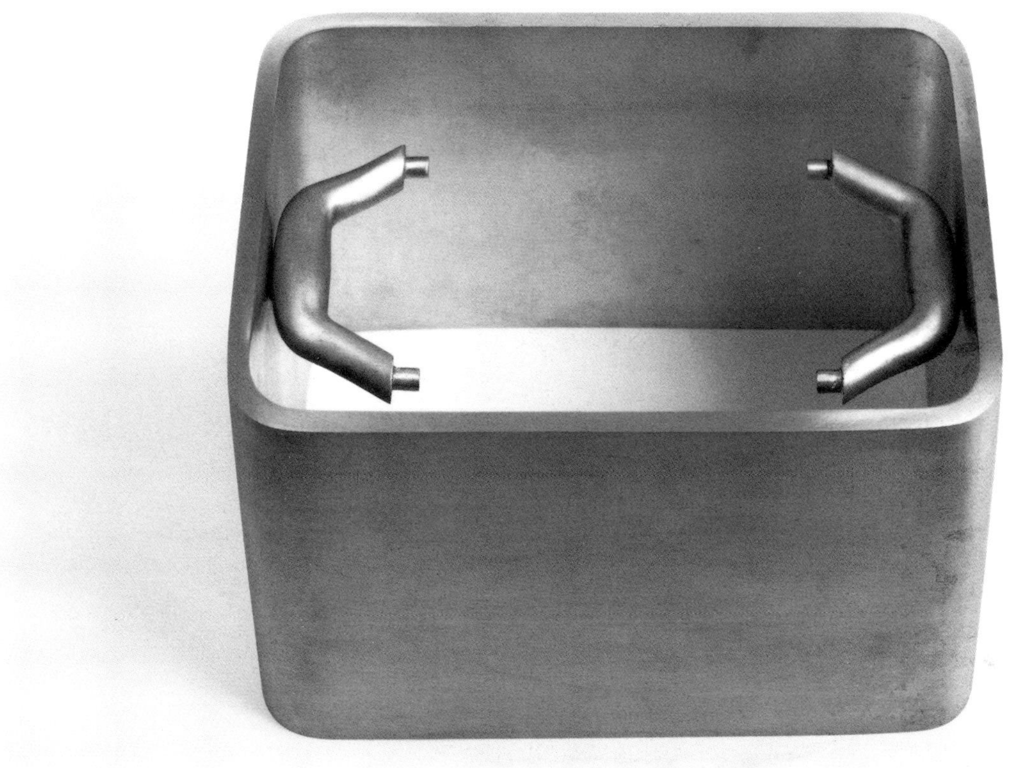

Vuoto, 1999

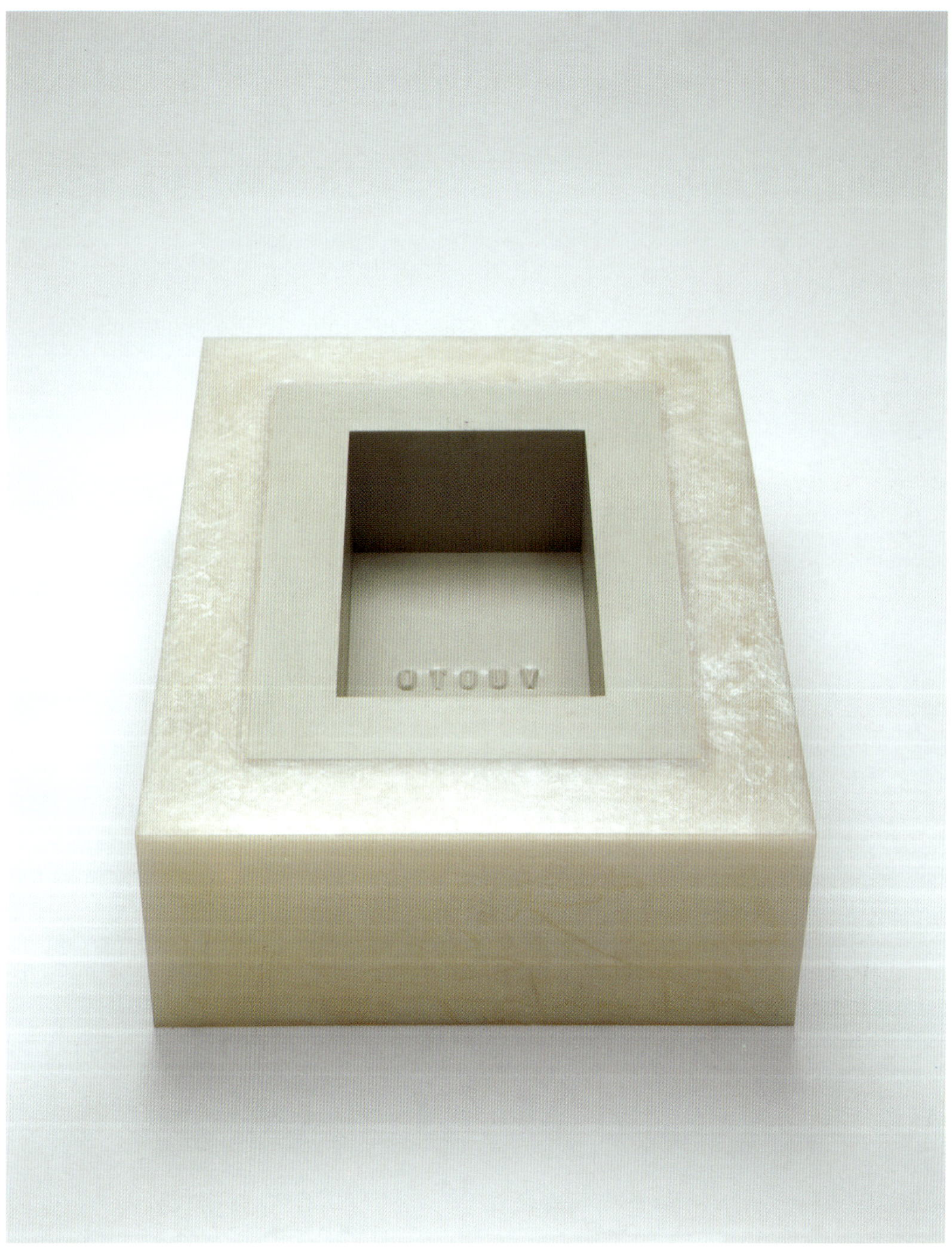

Gomma, 1999

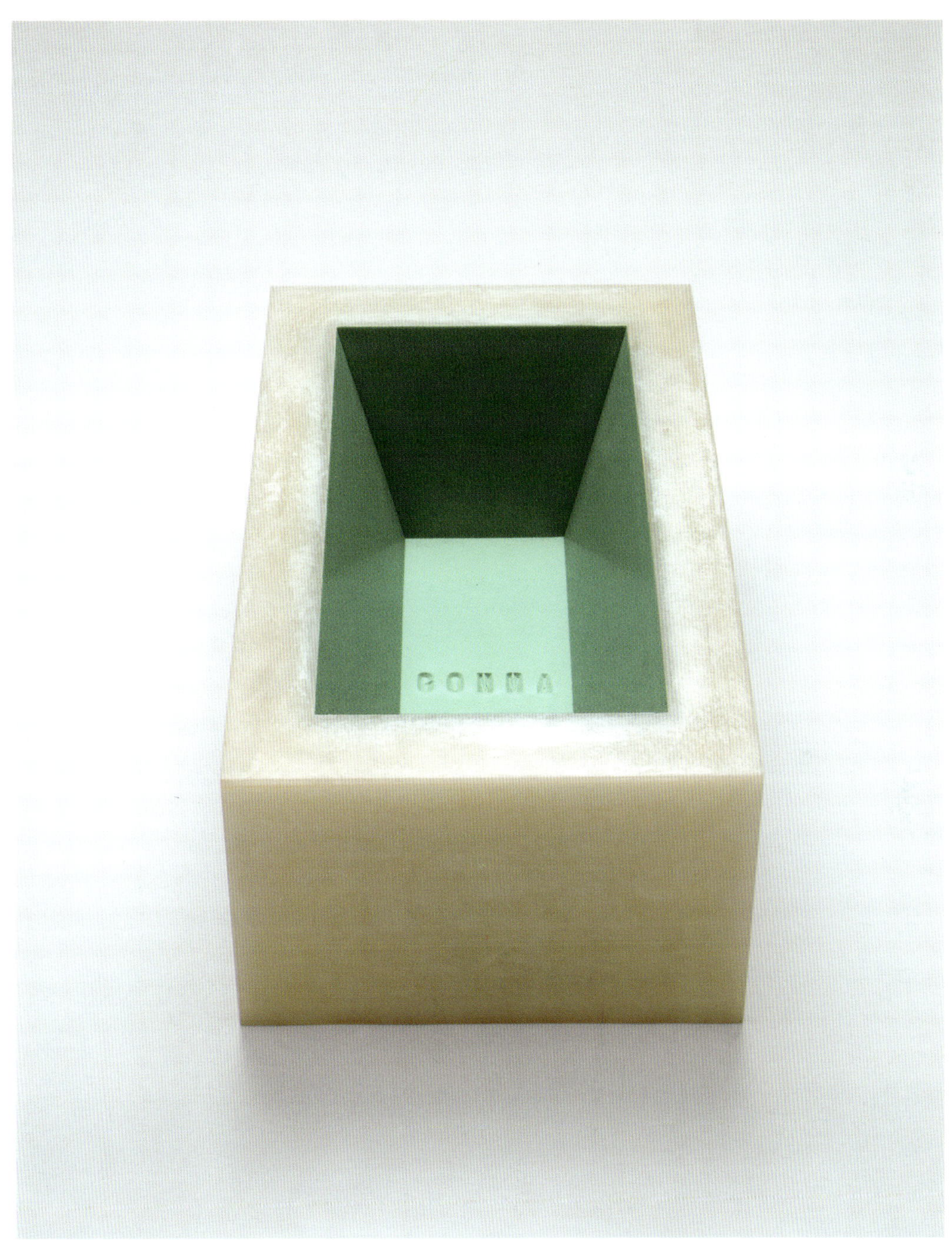

Senza titolo, 1998

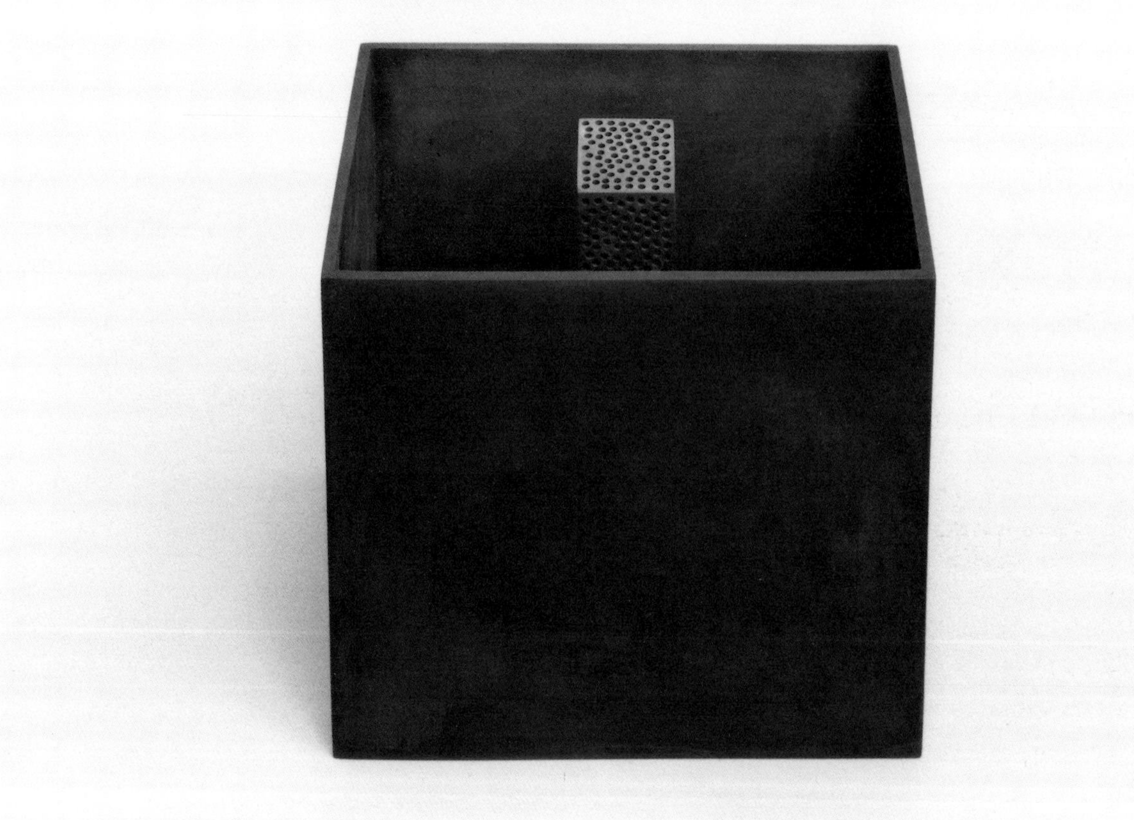

Senza titolo, 1998

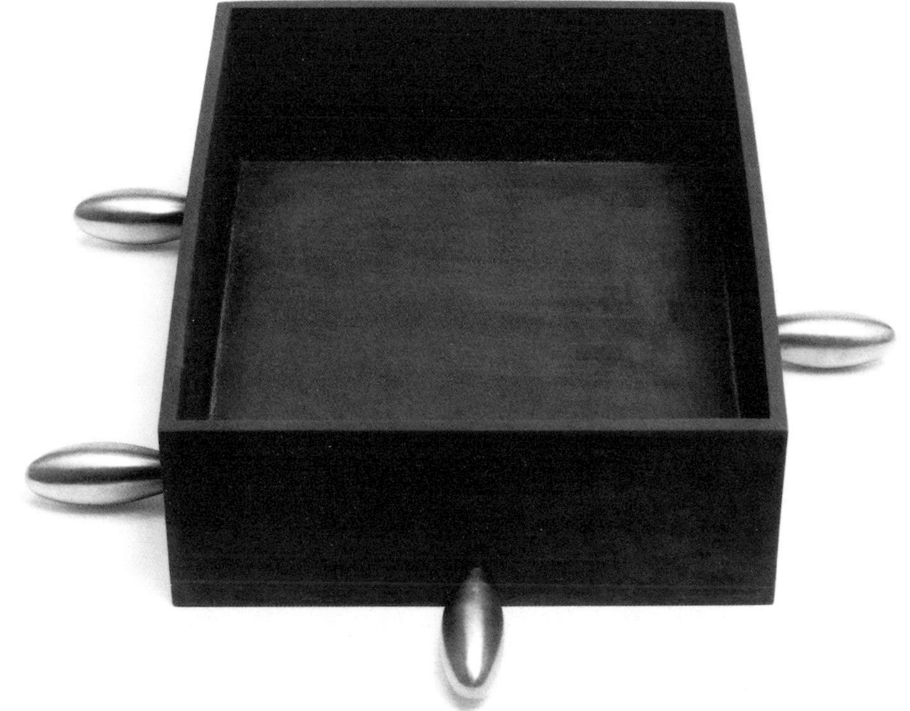

Impronta 3491, 1999

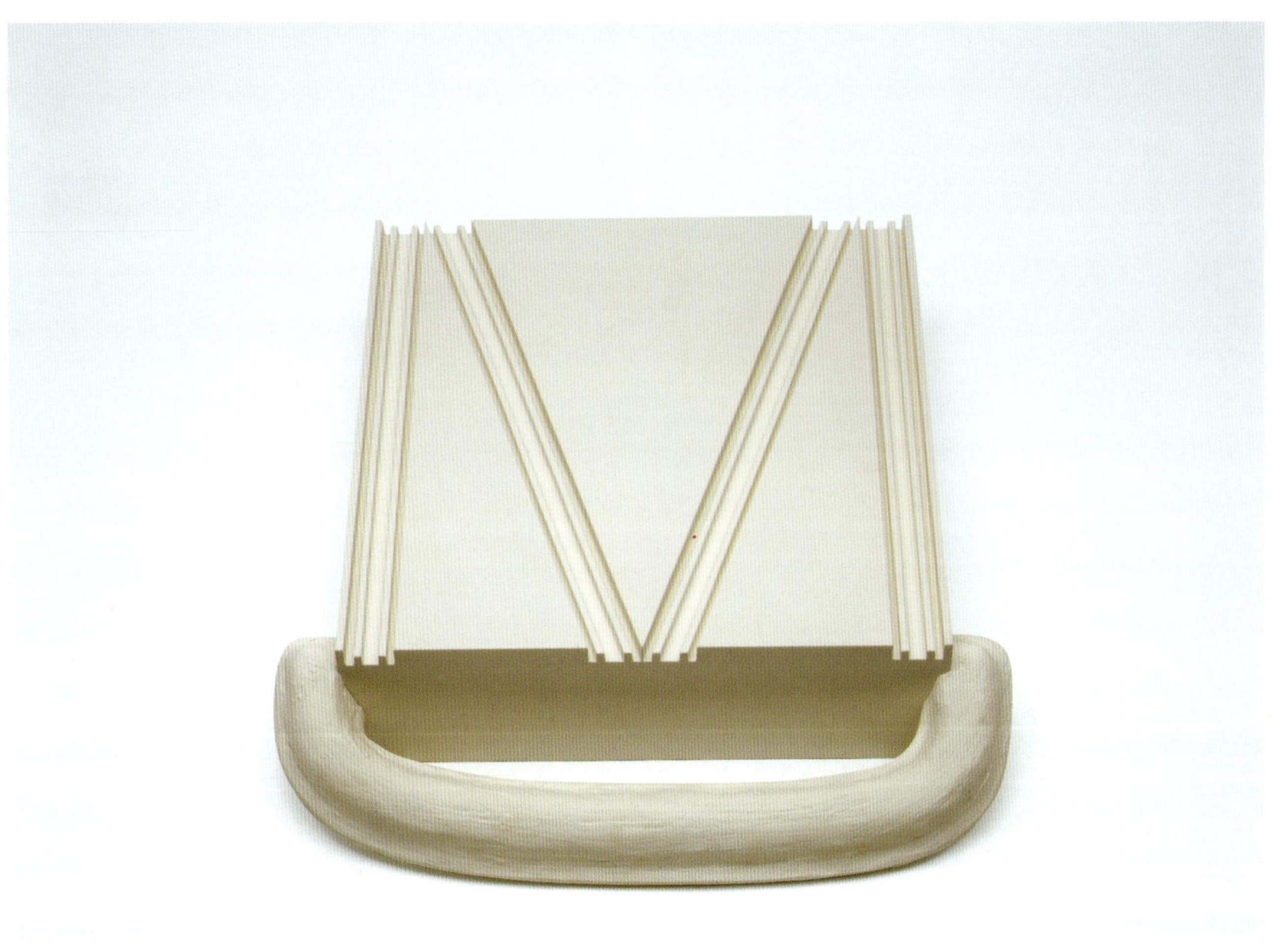

Il progresso è nell'oro, 2000

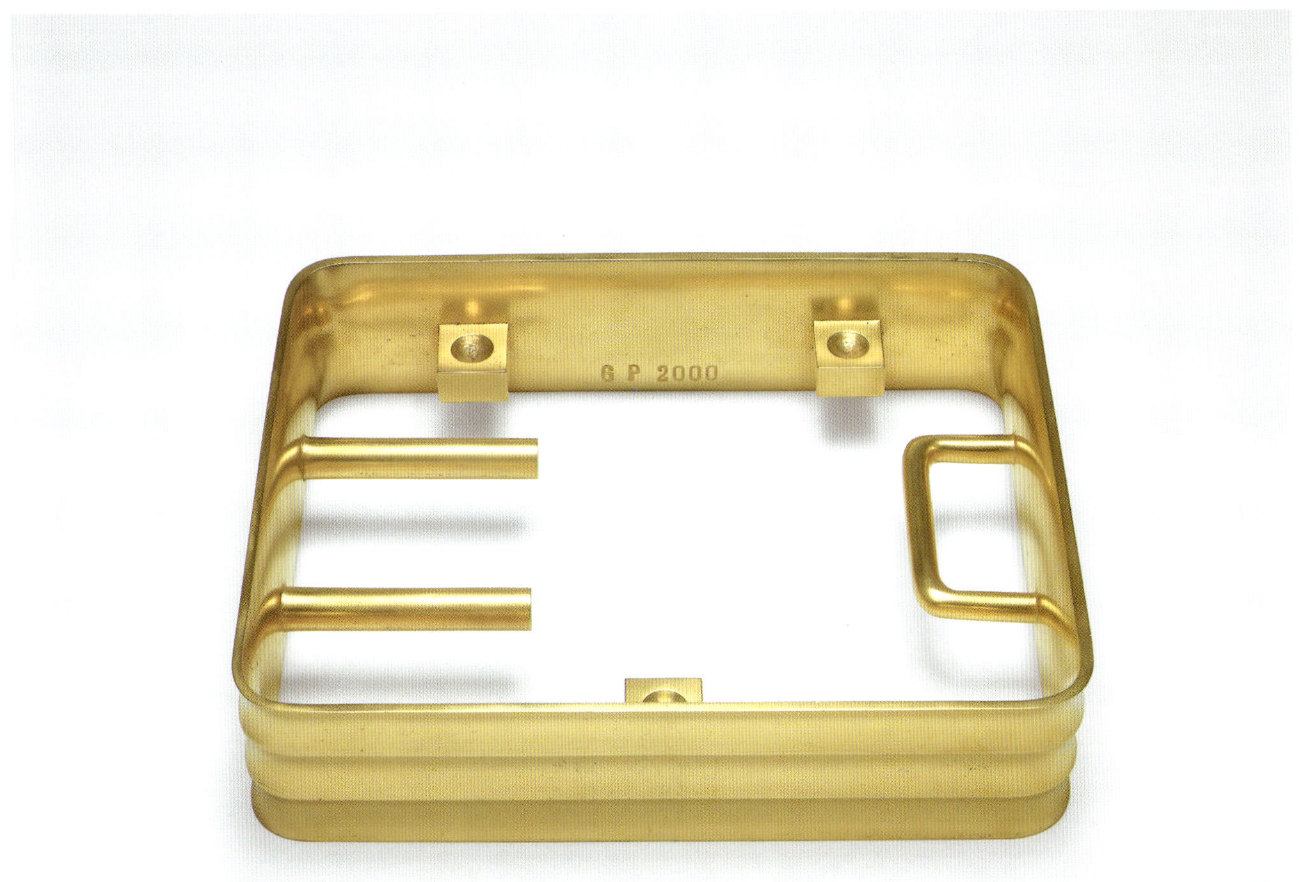

Senza titolo, 1998

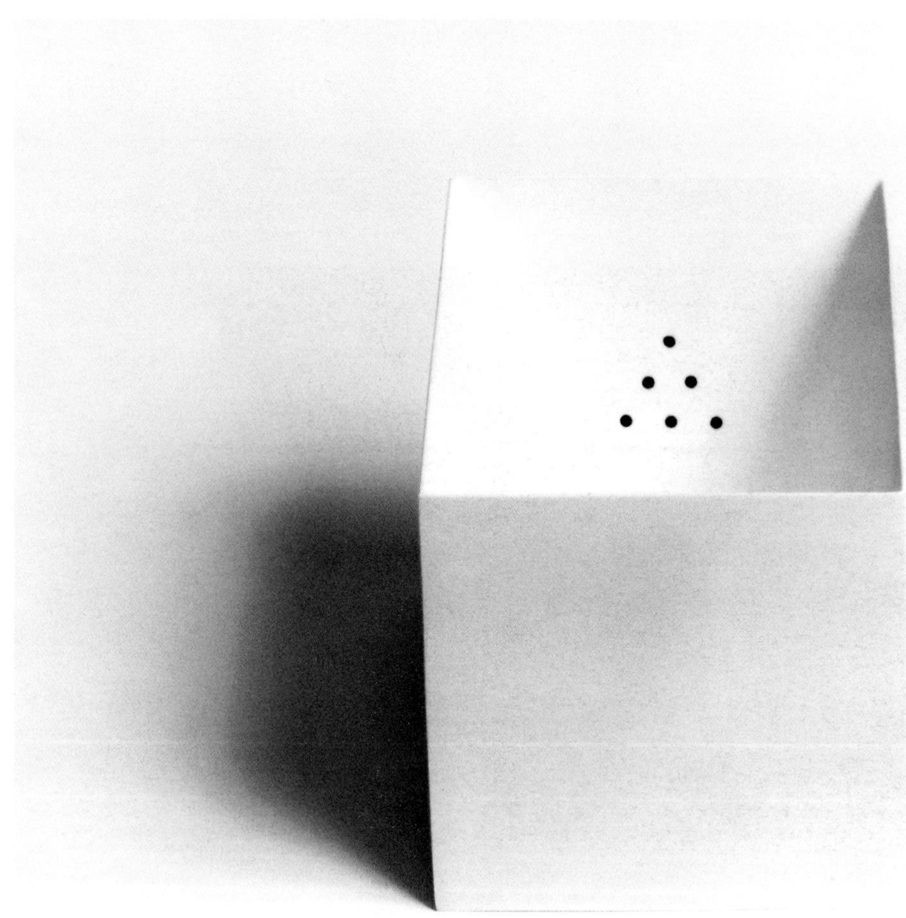

Quattro angoli, 1999

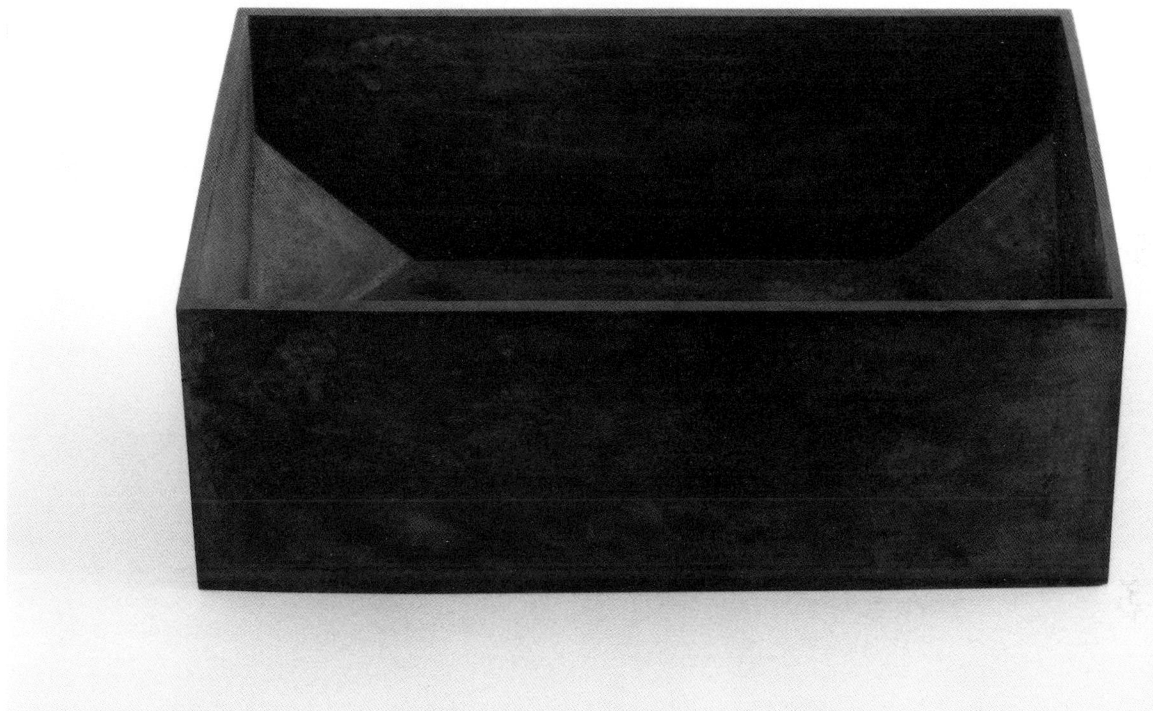

Invaso a 45°, 1999

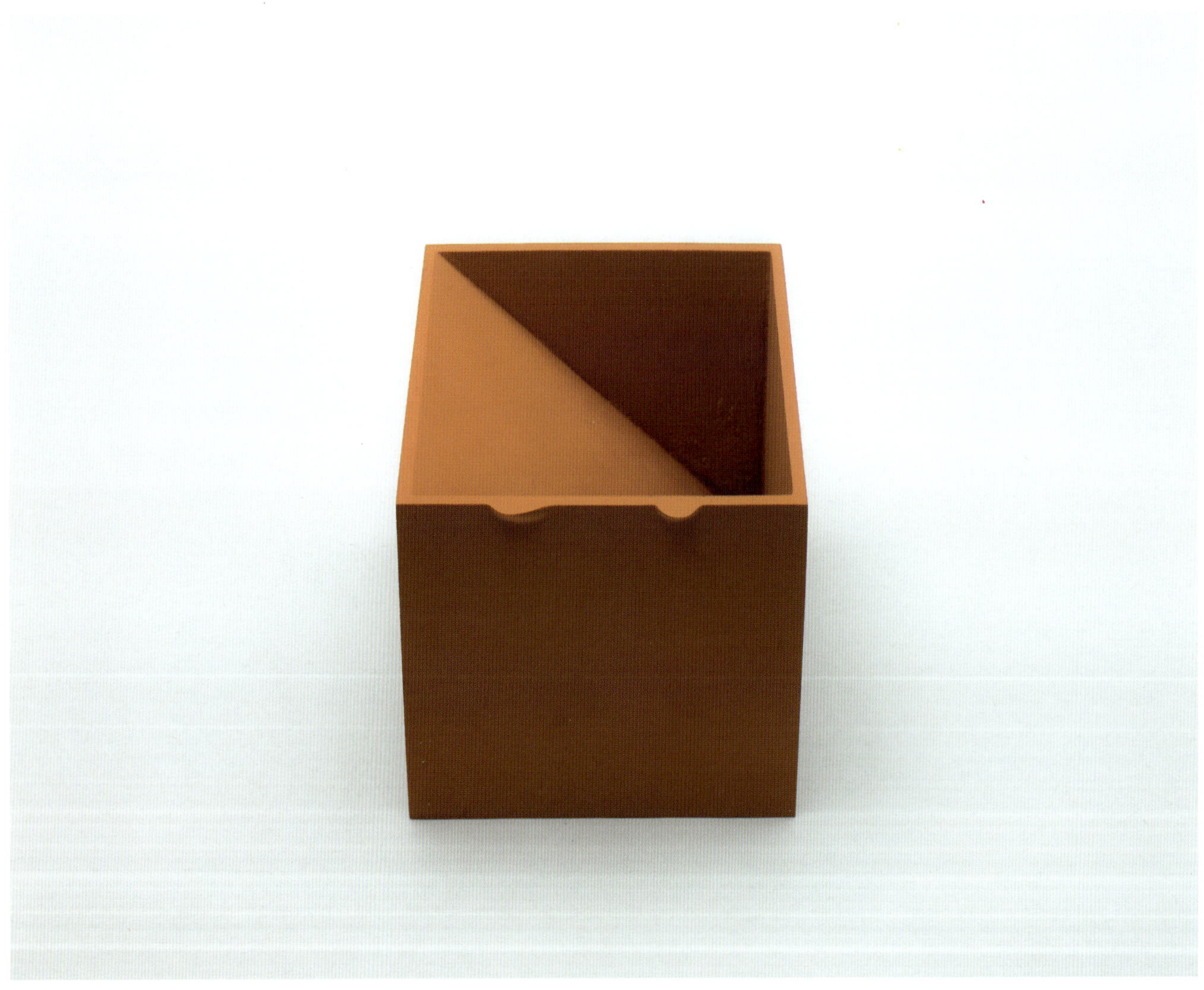

Invaso a 90°, 1999

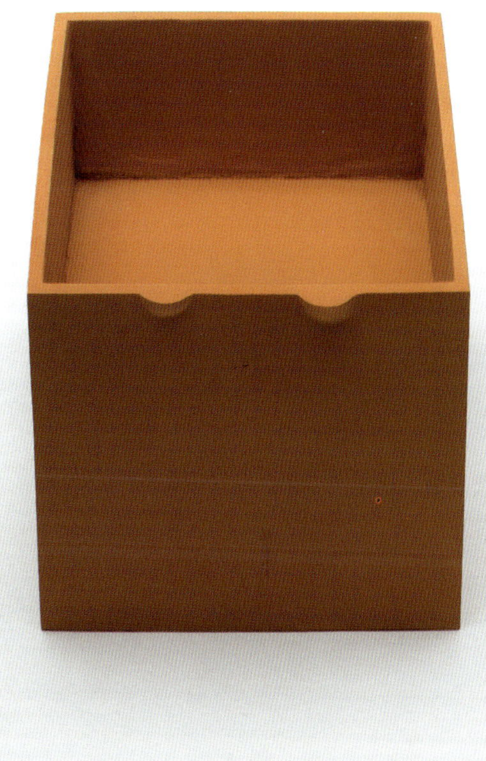

Cubi in scatola, 1999

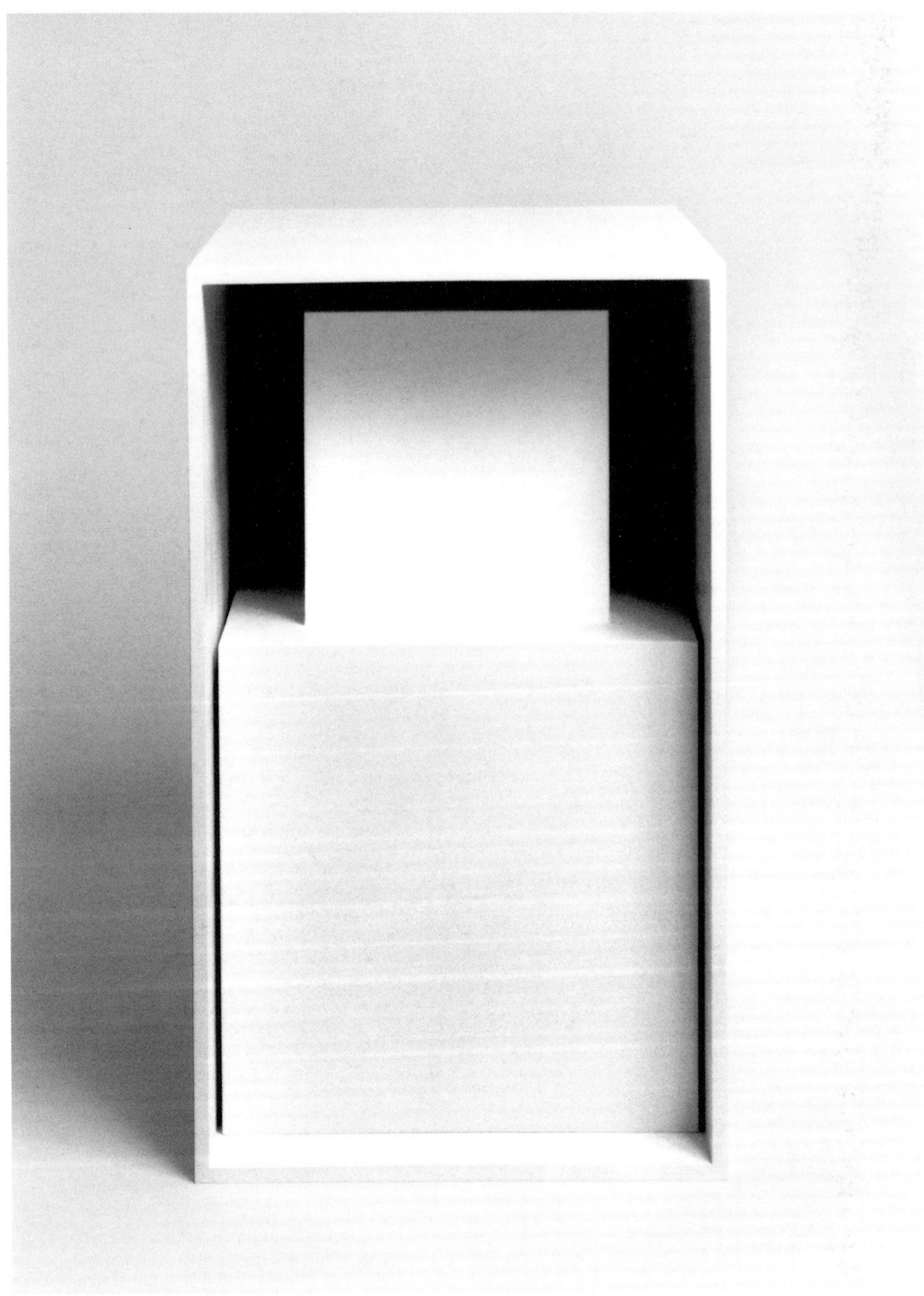

Speculare, 1999

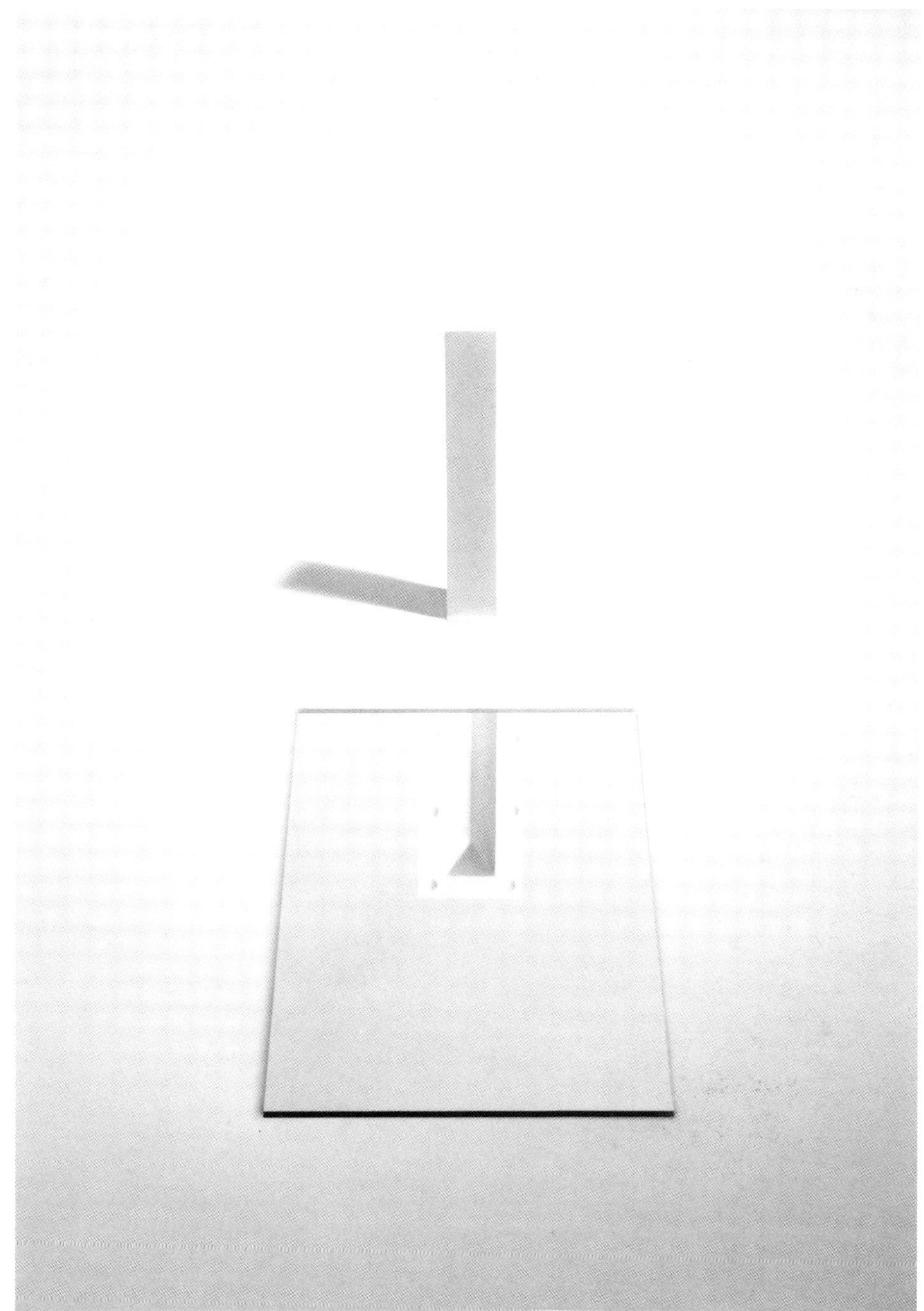

Sezione di minio, 1999

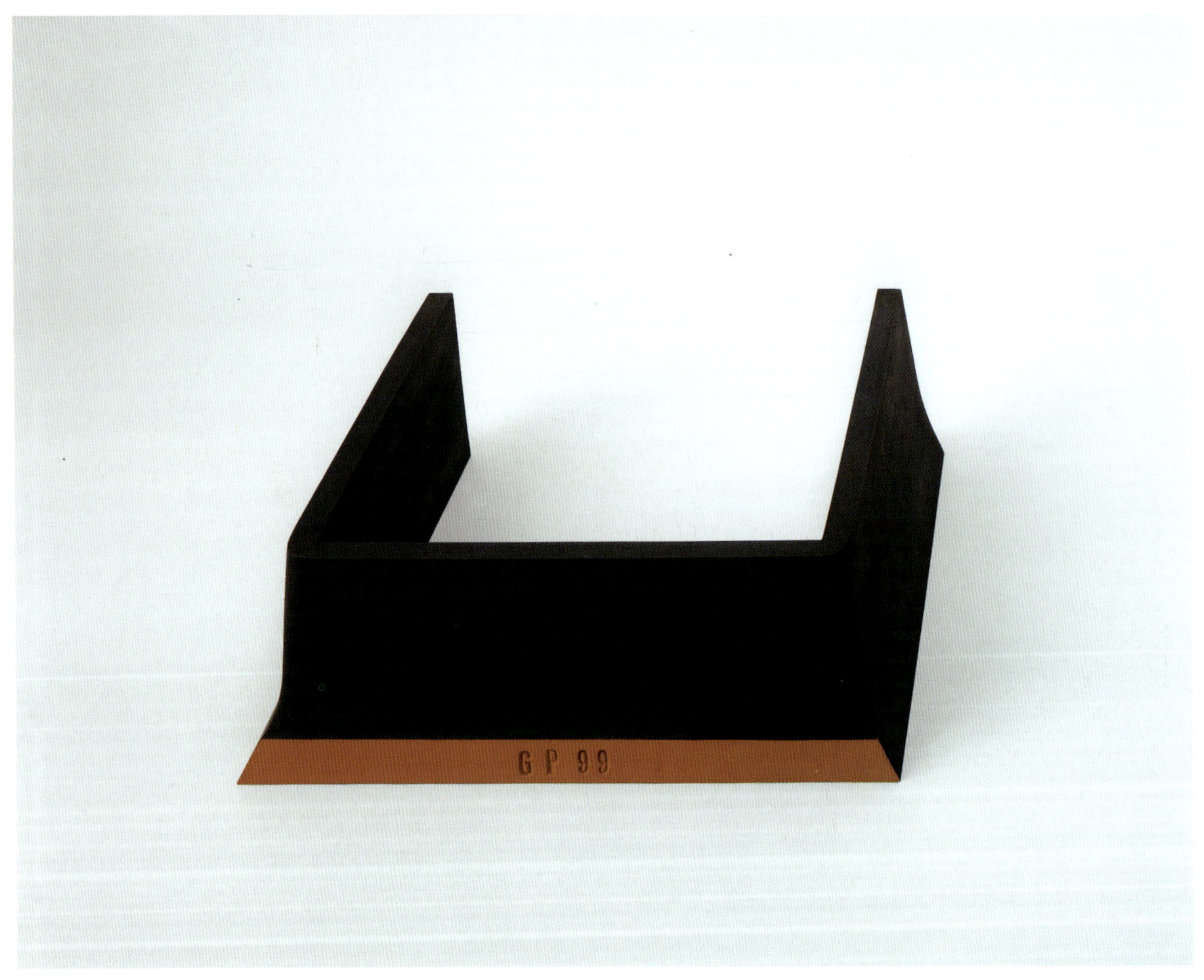

Terra, 1999

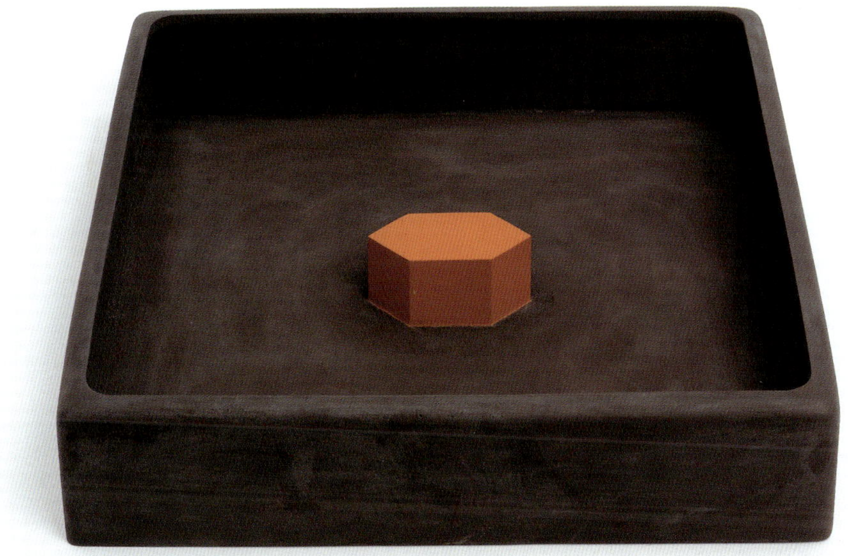

APPARATI

APPENDIX

Biografia

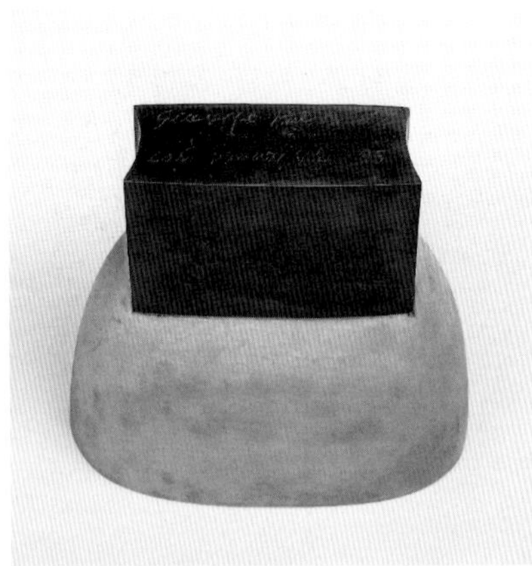

Cast bronze n.2, *1995*

Giuseppe Pulvirenti è nato a Siracusa nel 1956. Dopo essersi diplomato all'Istituto Statale d'Arte della sua città, completa gli studi all'Accademia di Belle Arti di Roma, seguendo il corso di Scultura con Pericle Fazzini.

La sua attività artistica comincia verso la metà degli anni Ottanta; nel 1984 partecipa a Roma alla sua prima mostra collettiva dal titolo "Scultura disegnata". Le opere di questo primo periodo sono caratterizzate da un'attenta ricerca sui materiali che vengono assemblati in combinazioni inconsuete e da un interesse verso le forme semplici, originato dal ricordo di "oggetti", elementi e strutture visti nei cantieri navali di Siracusa. Le opere appaiono simili a frammenti sottratti alla pellicola della memoria: forme idrodinamiche che si proiettano nello spazio dando un senso di movimento e di velocità. Di grande importanza, nel percorso artistico di Pulvirenti, sono i disegni preparatori relativi a queste opere; le sculture disegnate in assonometria, vengono in seguito realizzate utilizzando le stesse *finzioni* del disegno con il conseguente schiacciamento dei volumi.

Nel grande fermento creativo che ha contrassegnato la seconda metà degli anni Ottanta, si evidenzia un interesse particolare di alcuni artisti per il mondo degli oggetti, non soltanto intesi come veicoli di critica sociale, ma anche come elementi fondamentali del linguaggio artistico contemporaneo, capaci di *contestare* la realtà delle cose – e, dunque, di rifondare l'autonomia dell'arte – grazie alla loro natura enigmatica.

Dopo aver vinto nel 1990 il Premio Acquisto alla XLIV Biennale di Venezia, dove espone nella sezione *Aperto*, tre sculture - *Carenaggio, Acqua, Officina* - ancora legate ai temi e alle soluzioni formali del primo periodo della sua ricerca, Giuseppe Pulvirenti comincia a realizzare una serie di opere che si distaccano sensibilmente dalla prima produzione, mostrando una sempre maggiore attenzione nei confronti dell'oggetto e delle sue caratteristiche strutturali ed "ideologiche".

Nel 1992 presenta, in una personale al Framart studio di Milano – dal titolo emblematico "Oggetti impossibili" – sette sculture di bronzo, ferro e gesso, che verranno esposte anche l'anno seguente nella grande personale a lui dedicata dal Centro per l'Arte Contemporanea "Rocca" di Umbertide in provincia di Perugia, insieme a una serie di sculture di piccolo formato – *Reperti* – realizzate quasi contemporaneamente agli "Oggetti impossibili".

Nelle grandi sculture del 1992 la riflessione sull'oggetto è ancora affidata ad un'allusione formale alla funzione; nei *Reperti* del 1992-93 la ricerca di Pulvirenti si volge in maniera più decisa verso il concetto di una funzionalità esclusivamente interiore dell'oggetto come evidenziano i numeri e le sigle "trovati" su questi lavori.

Lo sviluppo di questa ricerca porta Pulvirenti a realizzare una serie di sculture utilizzando gli scarti di fusione del bronzo e dell'alluminio in cui protagonista non è più soltanto l'oggetto e la sua presunta funzione, bensì la sua matrice, l'origine o meglio il vuoto che contiene e, insieme, lo accoglie.

Queste opere vengono esposte nelle mostre personali di Roma del 1994 e di Venezia (Galleria Nuova Icona) del 1996; in quest'ultima occasione l'artista rivela un rinnovato interesse verso i materiali e soprattutto verso le loro possibili relazioni. Seguendo una logica che evidenzia un'attenzione particolare nei confronti della precarietà come "valore" sociale – attenzione che appartiene a molta della produzione artistica di questi anni – l'artista utilizza i materiali ponendoli in contrasto tra loro.

Dal 1995 Giuseppe Pulvirenti rivela con chiarezza la matrice duchampiana nel proprio lavoro, talvolta avvalendosi di simili giochi di parole, altre volte citando direttamente l'opera dell'artista francese come accade in *Impronta 4391* (1999), ipotetico stampo – in negativo – della *Boîte en valise*. L'ironia – altro elemento di evidente ascendenza duchampiana – è la protagonista delle opere recenti dell'artista siciliano.

Parallelamente alla sua attività artistica, dal 1986 Pulvirenti insegna Modellistica all'Accademia di Belle Arti di Roma, città dove vive e lavora.

Biography

Giuseppe Pulvirenti was born in Siracusa in 1956. After completing Art School in his home city, he continued his studies at the Academy of Fine Arts in Rome, attending the Sculpture course taught by Pericle Fazzini.
His artistic career began around the middle of the 1980s: in 1984, in Rome, he took part in his first collective exhibition, entitled "Scultura disegnata". The works from this early period are characterised by careful research into materials, which are assembled in unusual combinations, and by an interest in simple forms, based on the memory of "objects", elements and structures seen in the shipyards in Siracusa. The works resemble fragments taken from the film of memory; hydrodynamic forms that project into space, creating a sense of movement and speed. Throughout Pulvirenti's career, his preparatory drawings play an extremely important role: the sculptures drawn in axonometry are subsequently realised using the same *illusions* as the drawing, with a consequent flattening of volumes.
In the great creative flurry that marked the second half of the 1980s, many artists showed a particular interest in the world of objects, understood not only as vehicles of social criticism but also as fundamental elements of the language of contemporary art, capable of *contesting* the reality of things and, therefore, of re-founding the autonomy of art, thanks to their enigmatic nature.
After winning the Premio Acquisto at the XLIV Venice Biennale, where he exhibited three sculptures in the *Open* section (*Carenaggio*, *Acqua* and *Officina*, still linked to the themes and formal solutions of his earlier work), Giuseppe Pulvirenti began to produce a series of works that differed substantially from his early output, revealing an increasing interest in the object and in its structural and "ideological" features.
In 1992, at a solo exhibition held at the Framart Studio in Milan – significantly entitled "Oggetti impossibili" (Impossible Objects) – he presented seven sculptures in bronze, iron and plaster. These were exhibited again the following year in the large-scale solo exhibition at the Centro per L'Arte Contemporanea "Rocca" in Umbertide (in the province of Perugia), together with a series of small sculptures – *Reperti* (Finds) – produced almost at the same time as the "Oggetti impossibili".
In the large sculptures from 1992, the reflection on the object is still entrusted to a formal allusion to the function; in *Reperti*, from 1992-93, Pulvirenti's attention turns more decidedly towards the concept of the exclusively interior functionality of the object, as the numbers and initials "found" on these works prove.
The development of this line of research led Pulvirenti to produce a series of sculptures using scraps from the fusion of bronze and aluminium in which the protagonist is no longer only the object and its presumed function, but its matrix, the origin or rather the void that it contains.
These works were exhibited at the solo exhibitions in Rome in 1994 and in Venice (at the Galleria Nuova Icona) in 1996; on the latter occasion the artist revealed a renewed interest in materials, and above all in their possible relations. Following a logic that highlights his special attention towards precariousness as a social "value" – an attention typical of much of the art of this period – the artist brings out the contrasts between the materials.
Since 1995 Giuseppe Pulvirenti has clearly revealed the Duchampian aspect of his work, sometimes using similar puns, sometimes citing the work of the French artist directly, as happens in *Impronta 4391* (1999), a sort of negative matrix of *Boîte en valise*. Irony – another clearly Duchampian element – plays a fundamental role in his recent works.
Since 1986, Pulvirenti has also taught Modelling at the Academy of Fine Arts in Rome, where he lives and works.

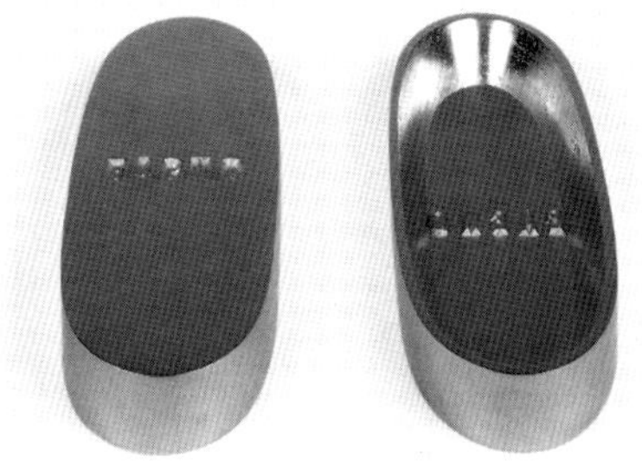

Bagno, *1996*
Ongab, *1996*

Esposizioni personali / One person exhibitions

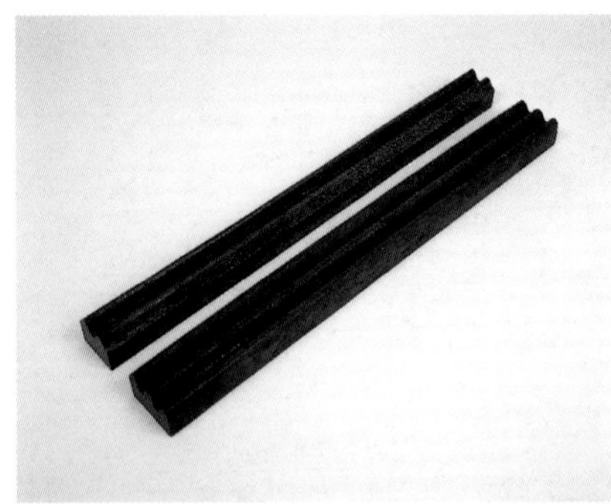

Impronta n.1, *1995*

1992
Milano, Framart studio, 12 marzo/March-8 maggio/May, *Oggetti impossibili*.
Opere esposte/Exhibited works:
Block, 1991, ferro/iron, 84x197x33 cm.
Block 3, 1991, ferro/iron, 92x60x60 cm.
Block 4, 1991, ferro/iron, 104x164x31 cm.
Senza titolo, 1991, gesso/plaster, 109x140x36 cm.
Senza titolo, 1992, gesso/plaster, 125x47x30 cm.
Senza titolo, 1992, bronzo fuso e ferro/cast bronze and iron, 57x187x156 cm.
Senza titolo, 1992, bronzo fuso/cast bronze, 106x120x20 cm.

1993
Venezia, Galleria L'Occhio, 24 aprile/April-30 maggio/May, *Drawings*, a cura di/edited by Enzo Di Martino.
Opere esposte/Exhibited works:
9 Tassi, 1992, ferro, legno e carboncino su carta/iron, wood and charcoal on paper,102x120x3 cm.
4 Bells, 1992, ferro, legno e carboncino su carta/iron, wood and charcoal on paper, 83x102x3 cm.
1 Drop, 1993, ferro, legno e carboncino su carta/iron, wood and charcoal on paper, 33,5x41x3 cm.
2 Cones, 1993, ferro, legno e carboncino su carta/iron, wood and charcoal on paper, 33,5x41x3 cm.
3 Cylinder, 1993, ferro, legno e carboncino su carta/iron, wood and charcoal on paper, 33,5x41x3 cm.
4 Holes, 1993, ferro, legno, sanguigna e carboncino su carta/iron, wood, sanguine and charcoal on paper, 33,5x41x3 cm.
5 Cylinders, 1993, ferro, legno, sanguigna e carboncino su carta/sanguine and charcoal on paper, 33,5x41x3 cm.
Untitled, 1991, ferro/iron, 23x19x8,6 cm.
Untitled, 1991, ferro/iron, 19x45x13 cm.
Untitled, 1991, ferro/iron, 16x25x17 cm.
Untitled, 1991, ferro/iron, 16x21x19 cm.
Untitled, 1992, bronzo fuso/cast bronze, 21x16x16 cm.

Umbertide, Rocca-Centro per l'Arte Contemporanea, ottobre/October-novembre/November, a cura di/edited by Cecilia Casorati, Martina Corgnati, Enrico Mascelloni.
Opere esposte/Exhibited works:
Rapala, 1989, ferro e legno/iron and wood, 68x490x73 cm.
Il sogno dell'oro nero, 1989, ferro e ottone/iron and brass, 60x362x94 cm.
Senza titolo, 1989, ferro e legno/iron and wood, 142x415x48 cm.
Senza titolo,1991, bronzo fuso/cast bronze, 109x140x36 cm.
Block, 1991, ferro/iron, 84x197x33 cm.
Maglio, 1991, bronzo fuso e ferro/cast bronze and iron, 53x290x56 cm.
Block 3, 1991, ferro/iron, 92x60x60 cm.
Block 4, 1991, ferro/iron, 104x164x31 cm.
Senza titolo, 1992, bronzo fuso e ferro/cast bronze and iron, 57x187x156 cm.
Tasso, 1992, ferro/iron, 124x162x24 cm.
Senza titolo, 1992, bronzo fuso/cast bronze, 125x47x30 cm.
Senza titolo, 1992, bronzo fuso/cast bronze, 106x120x20 cm.
Fe 189, 1993, ferro e pittura/iron and paint, 114x147x113 cm.
Fe 1, 1993, ferro e pittura/iron and paint, 35x34x9 cm.
Fe 2, 1993, ferro e pittura/iron and paint, 38x27x9 cm.

1994
Roma, Progetto-Associazione Culturale, 27 aprile/April-10 giugno/June, *Oggetti smemorati*.
Opere esposte/Exhibited works:
Aluminum, 1994, alluminio fuso e ferro/cast aluminium and iron, 125x60x60 cm.
Prima genesi, 1994, bronzo fuso e ferro/cast bronze and iron, 33x33x7 cm.
Seconda genesi, 1994, bronzo fuso e ferro/cast bronze and iron, 33x33x7 cm.
Tavolo del bronzo, 1994, tre oggetti di bronzo fuso e ferro/three cast bronze and iron objects, 88x165x55 cm.
Bronzo di scarto, 1994, tre oggetti di bronzo fuso e ferro/three cast bronze and iron objects, 90x95x19 cm.
Tavolo dell'alluminio, 1994, tre oggetti di alluminio fuso e ferro/three cast aluminium and iron objects, 87x165x55 cm.
Alluminio di scarto, 1994, tre oggetti di

alluminio fuso e ferro/three cast aluminium and iron objects, 90x95x19 cm.
Due genesi, 1994, carboncino su carta/charcoal on paper, 50x70 cm.
Staffa, 1994, carboncino su carta/charcoal on paper, 50x70 cm.
Bronzo, 1994, carboncino su carta/charcoal on paper, 50x70 cm.
Piatto, 1994, carboncino su carta/charcoal on paper, 50x70 cm.

1996 – 1997
Venezia, Nuova Icona, 30 novembre/November-6 gennaio/January, a cura di/edited by Cecilia Casorati, Werner Meyer, Vittorio Urbani.
Opere esposte/Exhibited works:
Pialla, 1994, alluminio fuso/cast aluminium, 6x33x16 cm.
Pialla 2, 1996, bronzo fuso e spugna/cast bronze and sponge, 6x11,8x17,8 cm.
Punta, 1995, bronzo fuso/cast bronze, 22x8,7x6 cm.
Tacco, 1995, bronzo fuso/cast bronze, 22x8,5x5,3 cm.
L T I , 1995, tre elementi di alluminio fuso/three cast aluminium elements; *L* 35x20x4 cm.; *T* 39x17x4 cm.; *I* 35x21x4 cm.
Invisibile, 1995, bronzo fuso e pittura/cast bronze and paint, 17,2x11,8x3,6 cm.
Invisibile 2, 1996, bronzo fuso/cast bronze, 6,5x20x4 cm.
Rosa, 1996, alluminio fuso e vetroresina/cast aluminium and fibreglass, 18,8x28x19 cm.
Bianca, 1996, alluminio fuso e vetroresina/cast aluminium and fibreglass, 18,8x26x17,5 cm.
Bagno, 1996, bronzo fuso e doratura/cast bronze and gilding, 4x12,5x33,5 cm.
Ongab, 1996, bronzo fuso e doratura/cast bronze and gilding, 4x12,5x33,5 cm.
Spinta, 1996, bronzo fuso e vetroresina/cast bronze and fibreglass, 21,4x17,5x19,8 cm.
Carico, 1996, bronzo fuso e spugna/cast bronze and sponge, 5,3x22,5x26,5 cm.
Conquistare lo spazio, 1996, bronzo fuso e vetroresina/cast bronze and fibreglass, 60x67,5x60 cm.
Ionica, 1996, bronzo fuso/cast bronze, 21x33x452 cm.

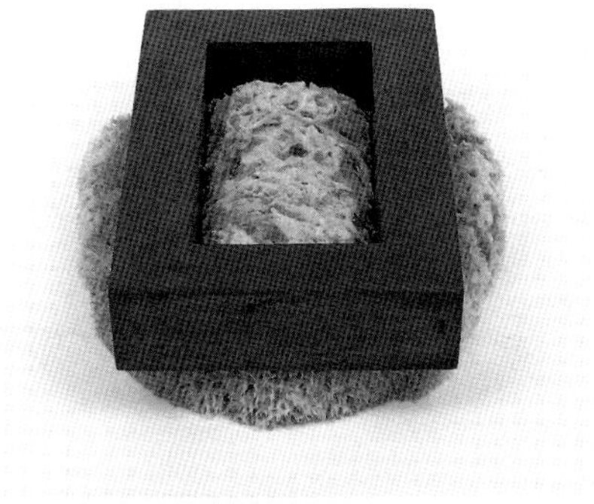

Carico, *1996*

Esposizioni collettive / Group exhibitions

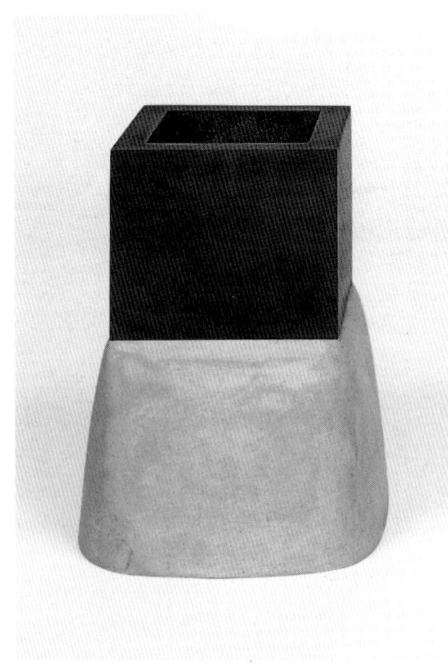

Spinta, *1996*

1984
Scultura disegnata, a cura di/organized by Enrico Crispolti, Velodromo Roma Eur.

1985
Una nuovissima generazione nell'arte italiana, a cura di/organized by Enrico Crispolti, Fortezza Medicea, Siena.

1986
Divergenze, a cura di/organized by Mary Angela Schroth, Sala 1, Roma.
XI Quadriennale Nazionale d'Arte di Roma, Palazzo dei Congressi, Roma Eur.
Forme nel Verde, a cura di/organized by Enrico Crispolti, Horti Leonini, San Quirico d'Orcia, Siena.

1988
Roma Arte Oggi, a cura di/organized by Ennio Borzi e Mirella Chiesa, galleria Break Club, Roma.
Galleristi a Palazzo, a cura di/organized by Italo Mussa, Centro di cultura Ausoni, Roma.
Duetti d'Artista, a cura di/organized by Achille Bonito Oliva, studio Ghiglione, Genova.

1989
Fiumara d'Arte, a cura di/organized by Filiberto Menna e Antonio Presti, galleria dei Banchi Nuovi, Roma.
Presenze Siciliane, Complesso Monumentale del San Michele, Roma.
Su carta, a cura di/organized by Lucilla Saccà, galleria Roberto Monti, Modena.
Scritture per l'Arte, a cura di/organized by Giuseppe Frazzetto, Ex Museo Biscari, Catania.

1990
XLIV Biennale di Venezia, Aperto '90, Corderie dell'Arsenale, Venezia.
Artelago '90, a cura di/organized by Simonetta Gorreri, Lago di Monate, Varese.

1992
XVIII Triennale di Milano, a cura di/organized by Antonio Del Guercio, Palazzo dell'Arte, Milano.
""in" ...oltre il reale", a cura di/organized by M.Teresa Incisetto, Framart studio, Napoli.

1993
Progetti Alpha (N.Carrino, D.Oppenheim, G.Pulvirenti), a cura di/organized by M.Teresa Incisetto, Framart studio, Milano.
Art Cologne – Internationaler Kunstmarkt, Framart studio Napoli – Milano, Colonia.

1994
Medianes ST-Martory, Palais des Art, Tolouse.
L'Immagine disegnata, a cura di/organized by Martina Corgnati, Ambasciata d'Italia a Cipro.
Art Cologne- Internationaler Kunstmarkt, Framart studio Napoli – Milano, Colonia.
Immagine Disegnata, a cura di/organized by Martina Corgnati, Istituto di Cultura Italiano per la R.A.E. Zamalek.
Premio Umberto Mastroianni, Palazzo della Regione, Torino.
Transitività dell'Arte, a cura di/organized by M.Teresa Incisetto, Framart studio, Napoli.

1995
Miart, Nuova Icona – Venezia, Milano.
Esterni riflessi, a cura di/organized by Barbara Tosi, Forte Spagnolo, L'Aquila.
Il bronzetto italiano contemporaneo 1931 – 1995, 47° Premio Michetti, Liceo Scientifico Statale, Francavilla al Mare, Chieti.
Anteprima, a cura di/organized by Orazio Lepore, galleria Itinerari, Bari.
Art Cologne –Internatinaler Kunstmarkt, Framart studio Napoli – Milano, Colonia.

1996
Arte Fiera 20, Nuova Icona – Venezia, Bologna.
Forma, a cura di/organized by Vittorio Urbani, Nuova Icona, Venezia.
Disegni e sculture, a cura di/organized by Orazio Lepore, galleria Itinerari, Bari.
Expò Arte Bari, galleria Itinerari – Bari, Bari.
XXVI Biennale d'Arte di Alatri-Tendenze del Contemporaneo, a cura di/organized by Luigi Fiorletta e Micol Forti, Chiostro di S. Francesco, Alatri, Frosinone.
Circumnavigazione, a cura di/organized by Ezio Pagano, Intrepid Sea-Air Space

Museum, New York.
Art Cologne-Internationaler Kunstmarkt, Framart studio Napoli-Milano, Colonia.
Forma, a cura di/organized by Lino Polegato, Galerie Flux, Liège.

1997
Forma, a cura di/organized by John Gillet, The Winchester Gallery, Winchester.
Forma, a cura di/organized by Ciaran MacGonigal, RHA The Gallagher, Dublin.
Capogrosso Guaita Pulvirenti Sgarra, a cura di/organized by Orazio Lepore, galleria Itinerari, Bari.

1998
Emanuele De Reggi Giuseppe Pulvirenti, a cura di/organized by Orazio Lepore, galleria Itinerari, Bari.
Natura Inurbana – 1ª Biennale dei Parchi Natura e Ambiente – Roma, a cura di/organized by Achille Bonito Oliva, Accademia di Belle Arti, Roma.
Fuori MISURA, a cura di/organized by Orazio Lepore, galleria Itinerari, Bari.
Lavori in Corso, 5ª mostra, a cura di/organized by Giovanna Bonasegale, Galleria Comunale d'Arte Moderna e Contemporanea, Ex stabilimento Birra Peroni, Roma.
Locomozioni, a cura di/organized by Lidia Reghini di Pontremoli, Ex fabbrica di tabacco, Zagarolo –Roma.
Contemporanea '98, a cura di/organized by Ada Lombardi, Museo Provinciale d'Arte Contemporanea, Crotone.

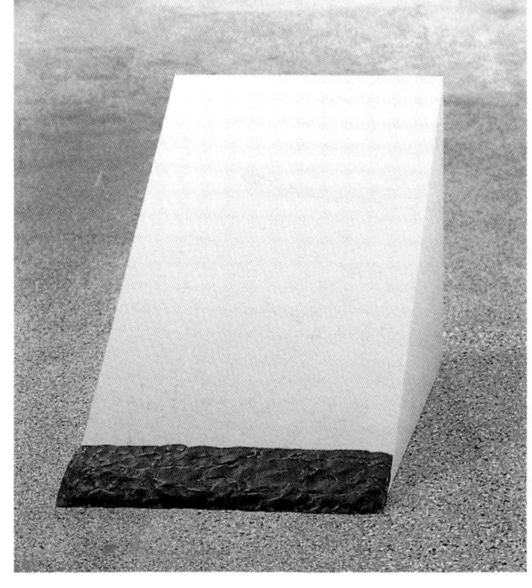

Conquistare lo spazio, *1996*

Bibliografia / Bibliography

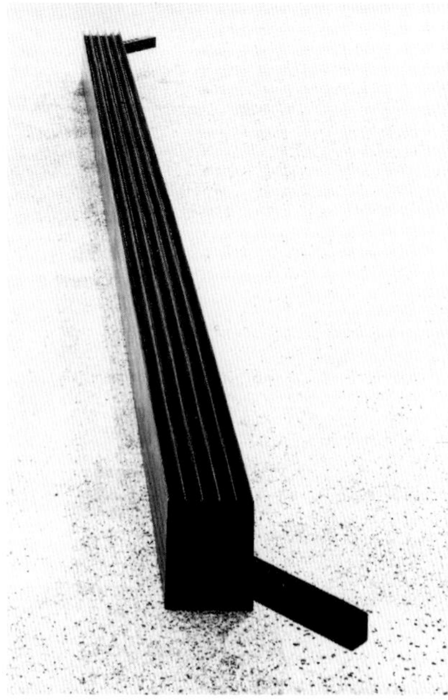

Ionica, *1996*

Cataloghi di esposizioni personali
One person exhibition catalogues

C. Casorati, M. Corgnati, E. Mascelloni, catalogo della mostra/catalogue of the exhibition *Giuseppe Pulvirenti*, Rocca – Centro per l'Arte Contemporanea, Umbertide, Istituto Grafico Editoriale Italiano, 1993.

C. Casorati, W. Meyer, V. Urbani, catalogo della mostra/catalogue of the exhibition *Giuseppe Pulvirenti*, galleria Nuova Icona, Venezia, 1996.

Cataloghi di esposizioni collettive
Group exhibition catalogues

E. Crispolti, catalogo della mostra/catalogue of the exhibition *Scultura disegnata*, Velodromo, Roma Eur, Stabilimento Grafico Editoriale F.lli Spada, 1984, p.8.

E. Crispolti, catalogo della mostra/ catalogue of the exhibition *Una nuovissima generazione nell'arte italiana*, Fortezza Medicea, Siena, Ed. Ormas 2001, 1985.

M.A. Schroth, a cura di/edited by, catalogo della mostra/catalogue of the exhibition *Divergenze*, Sala 1, Roma, 1986, pp.16-17.

E. Crispolti, F. Miglietta, L.P. Finizio, M. Bignardi, catalogo della mostra/ catalogue of the exhibition *Undicesima Quadriennale di Roma*, Palazzo dei Congressi, Roma Eur, Fabbri Editori, 1986, p.338.

E. Crispolti, D. Tognaccini, catalogo della mostra/catalogue of the exhibition *Forme nel verde*, Horti Leonini, S. Quirico d'Orcia, Siena, Mazzotta, 1986, pp. 53-54-55-56.

F. Menna, P.Balmas, V.Apuleo, catalogo della mostra/catalogue of the exhibition *Roma Arte Oggi* , galleria Break Club, Roma, Giancarlo Politi Editore, 1988, pp. 160-161-162-163.

A. Monferrini, C. Bruni Sakraischik, G. del Corso, catalogo della mostra/catalogue of the exhibition *Galleristi a Palazzo*, Centro di cultura Ausoni, Roma, De Luca Edizioni d'Arte, 1988, pp. 22-23.

F. Menna, A. Presti, catalogo della mostra/ catalogue of the exhibition *Fiumara d'Arte*, galleria dei Banchi Nuovi, Roma, 1987, p.49.

V. Apuleo, catalogo della mostra/ catalogue of the exhibition *Presenze siciliane*, Complesso Monumentale del San Michele, Roma, Guido Novi Editore, 1989, pp. 126-127.

L. Saccà, catalogo della mostra/catalogue of the exhibition *Su carta*, galleria Roberto Monti, Modena, 1989, pp.28-29.

G. Frazzetto, a cura di/edited by, catalogo della mostra/catalogue of the exhibition *Scritture per l'Arte*, Ex Museo Biscari, Catania, Il Quadrante Edizioni, 1989, pp.104-105.

R. Barilli, B. Blistène, M. Grauer, W. Jacob, L. Shearer, catalogo della mostra/catalogue of the exhibition *XLIV Esposizione Internazionale d'Arte La Biennale di Venezia*, corderie dell'Arsenale, Venezia, Fabbri Editori, 1990, pp.17-105.

M. Baudson, A. Bonito Oliva, S. Gorreri, F. Gualdoni, G. Panza di Biumo, L. Saccà, catalogo della mostra/catalogue of the exhibition *Artelago 90*, Lago di Monate, Varese, Edizioni Lativa, 1990, pp.108-109.

U. Mastroianni, F.De Santi, G. Dorfles, P. Weiermair, M. Corgnati, catalogo della mostra/catalogue of the exhibition *Premio Umberto Mastroianni*, Palazzo della Giunta Regionale, Torino, 1994, pp.58-59.

B. Tosi, catalogo della mostra/catalogue of the exhibition *Esterni riflessi*, Forte Spagnolo, L'Aquila, Ed. Progetto Roma, 1995, pp. 44-45.

C. F. Carli, catalogo della mostra/ catalogue of the exhibition *Il Bronzetto Italiano Contemporaneo 1931 – 1995*, 47° premio Michetti, Francavilla al Mare, Chieti, Edizioni Della Cometa, 1995, pp. 161-162-163.

V. Urbani, a cura di/edited by, catalogo della mostra/catalogue of the exhibition *Forma*, galleria Nuova Icona, Venezia, 1996, pp. 75-77-79-81-83.

L. Fiorletta, M. Forti, catalogo della mostra/catalogue of the exhibition *Tendenze del contemporaneo*, XXVI Biennale d'Arte Alatri, Chiostro di San Francesco, Alatri, Mazzotta, 1996, pp.40-41.

E. Pagano, catalogo della mostra/ catalogue of the exhibition *Circumnavigazione*, Intrepid Sea-Air-Space Museum, New York, I Tascabili

dell'Arte n.53, 1996, p.65.
E. Di Stefano, G. Frazzetto, P. Nicita, catalogo del museo/Museum catalogue *Museum*, Bagheria, Ed. Associazione Artecontemporanea, 1997, pp. 105-136.
E. Crispolti, catalogo della mostra/ catalogue of the exhibition *Lavori in corso*, 5ª mostra Galleria Comunale d'Arte Moderna e Contemporanea, Roma, Edizioni De Luca, 1998, pp. 36-37.
A. Lombardi, catalogo del museo/*Museum catalogue M A C*, Museo Arte Contemporanea, Crotone, 1998, edizioni Fondazione Segno, pp. 23-24-59-89-90-91.

Quotidiani e periodici
Newspapers and periodicals

M. de Candia, *Il piacere dell'occhio*, "Repubblica", luglio/July 1988, p.53.
L. Saccà, *Recensioni*, "Artinumbria", autunno/Autumn 1988, p.27.
L. Saccà, *Recensioni*, "Segno", dicembre/ December 1988, p.42.
G. Carandente, *Arte*, "Corriere Della Sera", 14 gennaio/January 1990, p.9.
A. Vettese, *Grandi appuntamenti*, "Il Sole 24 Ore", 4 febbraio/February 1990, p.26.
V. Baradel, *Cultura*, "La Nuova Venezia", 24 maggio/May 1990.
L. Caramel, *Cultura*, "Il Giornale", 26 maggio/May 1990.
L. Valvo, *Siracusa Cronache*, "La Sicilia", 27 maggio/May 1990, p.13.
R. Nardi, *Cultura*, "Il Messaggero", 27 maggio/May 1990, p.31.
D.Auregli, *Cultura*, "L'Unità", 29 maggio/May, 1990.
M. Corgnati, *Cultura*, "Panorama", maggio/May 1990, p.123.
E. Di Martino, *Arte*, "Marco Polo", maggio/May 1990, p.21.
A. Fiz, *Arte & investimenti*, "Milano Finanza", 2 giugno/June 1990, p.30 e 16 giugno/June 1990, p.34.
L. Caramel, *Cultura*, "Il Giornale", 3 giugno/June 1990, p.1.
P. Dragone, *Lettere e Arti*, "Il Giornale", 3 giugno/June 1990, p.V.
F. Fanelli, *Il giornale della Biennale*, "Il Giornale dell'Arte", giugno/June 1990, p.47.
F. Gualdoni, *Arte*, "Il Piacere", giugno/June 1990, p.86.
Antonio Del Guercio, *Venezia arte*, "Avvenimenti", giugno/June 1990, p.72.
L. Amelio, *La Biennale di Venezia*, "Domus", luglio-agosto/July-August 1990, p.67.
G. Carandente, Speciale *XLIV Biennale di Venezia*, "Flash Art", estate/Summer 1990, p. 105.
L. Saccà, *Le mostre che*, "L'illustrzione Italiana", settembre-ottobre/September-October 1990, p.93.
E. Di Martino, *Arte*, "Marco Polo", dicembre/December 1990, pp. 66-69.
N. Cobolli Gigli, *Inchiesta*, "Arte", dicembre/December 1990, pp. 133-135.
P. Gioioso, *Mostre più*, "Segno", febbraio-marzo/February-March, p.8.
G.P.Vincenzo, *"Gli Oggetti Impossibili, lo statuto della cosa"*, "Taxiart", primavera-estate/Spring-Summer 1992, pp.8-9-10.
Antonio Del Guercio, *L'universale linguaggio di Giuseppe Pulvirenti*, "Next", primavera-estate/Spring-Summer 1992, pp.28-29.
B. Bandini, *Cultura*, "Panorama", ottobre/October 1993, p. 146.
M. Corgnati, *Spazio Arte*, "Spazio Casa", dicembre/December 1993, p.29.
M. de Candia, *Il piacere dell'occhio*, "Repubblica", 28 aprile/April - 4 maggio/ May 1994, p. 18.
R. Notte, *Arte*, "Arte e Critica", giugno/June 1994, pp. 33-34.
I. Deluze, *Medianes Saint-Martory*, "La Dépêche", 16 agosto/August 1994.
G. Marziani, *In galleria*, "Flash Art", estate/Summer 1994, p.61.
R. Notte, *Transitività dell'arte al Framart studio di Napoli*, "Il Tempo", 10 dicembre/December 1994, p. 6.
C. Salvi, M.R. Boni, A.M. Di Stefano, V. Portoghese, a cura di/edited by, *annuario delle mostre a Roma, Roma in mostra*, Edizioni Joyce & Co., 1994, p. 227.
M. C. Altieri, *Roma: effervescente naturale*, "Business", marzo/March 1995, p. 116.
S. Zannier, *Forma e contenuti*, "Il Messaggero Veneto", 9 aprile/April 1996.
A.Curto, *Spray Italy*, "Juliet", giugno/June 1996, p. 72.
E. Di Martino, *Mostre d'Arte*, "Il Gazzettino", 14 dicembre/December 1996, p. VII.
L. Novello, *Le Sculture "Invisibili"*, "La Nuova Venezia", 19 dicembre/December 1996, p. 13.
A. Barzel, *Radiazioni di Luce*, "Abitare", gennaio/January 1999, pp. 72-73-74.
M.R. Boni, A.M. Di Stefano, V. Portoghese, a cura di/edited by, *Roma Contemporanea 1996/1998*, Bonsignori Editore, 1999, p. 24.

Testi di arte/Texts on art

E. Di Martino, *da Boccioni a Vedova*, Ed. Fondazione Cassa di Risparmio di Venezia, 1992, p.127.
E. Di Martino, *La Biennale di Venezia 1895 – 1995, cento anni di arte e cultura*, Editoriale Giorgio Mondadori, 1995, p. 98.
M. Guidotti, *Forme nel verde, 25 anni di scultura a S. Quirico d'Orcia*, Editrice le Balze, 1995, p. 36.
Antonio Del Guercio, *Storia dell'Arte Italiana nel XX Secolo*, Tascabili Economici Newton, 1995, p. 77.
Ente Autonomo La Biennale di Venezia, a cura di, *La biennale di Venezia, Le Esposizioni Internazionali 1985 – 1995*, Electa, 1996, p. 588.
E. Pagano, *Museum*, I Tascabili dell'Arte n.52, 1996, p.57.
Antonio Del Guercio, *Storia dell'arte presente*, Editori Riuniti, 1998, pp.168-303.

Elenco delle opere / List of works

Senza titolo, 1988
ferro, legno, zinco e pittura/iron, wood, zinc and paint
96 x 145 x 36 cm.
Collezione Aroldo Zevi, London
p. 14

Ariete, 1990
ferro e legno/iron and wood
29 x 98 x 8 cm.
Courtesy Eric Franck, Genève
p. 15

Senza titolo, 1992
bronzo fuso/cast bronze
106 x 120 x 20 cm.
Courtesy Framart studio, Napoli
p. 16

Scultura miliare, 1992
ferro/iron
43 x 50 x 35 x cm.
Collezione Farihed D'Angor, La Spezia
p. 17

Reperti, 1992 –1993
bronzo fuso e pittura/cast bronze and paint; nove elementi, dimensioni variabili/nine elements, various dimensions
Courtesy Galleria Comunale d'Arte Moderna e Contemporanea, Roma
p. 20

Alluminio di scarto, 1994
alluminio fuso e ferro
cast aluminium and iron
90 x 95 x 19 cm.
Courtesy Museo d'Arte Contemporanea, Crotone
p. 21

Punta, 1995
bronzo fuso/cast bronze
22 x 8,7 x 6 cm. (a sinistra/left)
Tacco, 1995
bronzo fuso/cast bronze
22 x 8,5 x 5,3 cm. (a destra/right)
Proprietà dell'artista/Artist's collection
p. 22

Invisibile, 1995
bronzo fuso e pittura
cast bronze and paint
17,2 x 11,8 x 3,6 cm.
Proprietà dell'artista/Artist's collection
p. 23

Cast bronze n.2, 1995
bronzo fuso e vetroresina/cast bronze and fibreglass
14 x 16,8 x 9 cm.
Courtesy Nuova Icona, Venezia
p. 46

Bagno, 1996
bronzo fuso e doratura/cast bronze and gilding
4 x 12,5 x 33,5 cm. (a sinistra/left)
Ongab, 1996
bronzo fuso e doratura/cast bronze and gilding
4 x 12,5 x 33,5 cm. (a destra/right)
Courtesy Caterina Gualco, Genova
p. 47

Impronta n.1, 1995
bronzo fuso/cast bronze
4 x 64,6 x 6,7 cm. (davanti/front)
4,6 x 64,6 x 5,5 cm. (dietro/rear)
Collezione Arsenio Pica, Roma
p. 48

Carico, 1996
bronzo fuso e spugna/cast bronze and sponge
5,3 x 22,5 x 26,5 cm.
Courtesy Nuova Icona, Venezia
p. 49

Spinta, 1996
bronzo fuso e vetroresina/cast bronze and fibreglass
21,4 x 17,5 x 19,8 cm.
Collezione Andrea d'Aloja, Roma
p. 50

Conquistare lo spazio, 1996
vetroresina e bronzo fuso/fibreglass and cast bronze
60 x 67,5 x 60 cm.
Proprietà dell'artista/Artist's collection
p. 51

Ionica, 1996
bronzo fuso/cast bronze
21 x 33 x 452 cm.
Proprietà dell'artista/Artist's collection
p. 52

Senza titolo, 1998
bronzo fuso e mercurio/cast bronze and mercury
17 x ø 31,2 cm.
p. 28

Senza titolo, 1998
alluminio fuso/cast aluminium
17,5 x 26,7 x 17,6 cm.
p. 29

Senza titolo, 1998
bronzo fuso/cast bronze
21,6 x 24 x 16,8 cm.
p. 32

Senza titolo, 1998
bronzo fuso e lega di stagno/cast bronze and tin alloy
10 x 42 x 51 cm.
p. 33

Senza titolo, 1998
bronzo fuso e pittura/cast bronze and paint
19 x 18,5 x 22,4 cm.
p. 36

Squadre, 1999
alluminio fuso, pittura metallizzata e vetroresina/cast aluminium, metallized paint and fibreglass
20,5 x 68x72,3 cm.
p. 26

Curve, 1999
alluminio fuso, pittura metallizzata e vetroresina/cast aluminium, metallized paint and fibreglass
20,5 x 68 x 72,3 cm.
p. 27

Vuoto, 1999
gomma siliconica e madreperla di resina epossidica/silicon rubber and epoxy resin mother of pearl
15,5 x 38 x 47,7 cm.
p. 30

Gomma, 1999
gomma siliconica e madreperla di resina epossidica/silicon rubber and epoxy resin mother of pearl
19,7 x 30x47,7 cm.
p. 31

Impronta 3491, 1999
bronzo fuso e pittura/cast bronze and paint
10,2 x 45,8 x 49,7 cm.
p. 34

Quattro angoli, 1999
bronzo fuso/cast bronze
14,4 x 38,3 x 19 cm.
p. 37

Invaso a 45°, 1999
bronzo fuso e pittura/cast bronze and paint
19 x 19 x 19,9 cm.
p. 38

Invaso a 90°, 1999
bronzo fuso e pitttura/cast bronze and paint
19 x 19 x 19,8 cm.
p. 39

Cubi in scatola, 1999
compensato marino e pittura/marine plywood and paint
56 x 33,8 x 42,8 cm.
p. 40

Speculare, 1999
foto BN elaborata al computer su supporto di alluminio/computer enhanced B/W photograph mounted on aluminium
70 x 50 cm.
p. 41

Sezione di minio, 1999
bronzo fuso e pittura di minio/cast bronze and red lead
14,1 x 42,6 x 39,6 cm.
p. 42

Terra, 1999
bronzo fuso e pittura/cast bronze and paint
9,5 x 43,6 x 43,6 cm.
p. 43

Il progresso è nell'oro, 2000
bronzo fuso e doratura/cast bronze and gilding
11,2 x 48,7 x 39,3 cm.
p. 35

Finito di stampare nel marzo 2000
da Lasergrafica Polver, Milano
per conto di Edizioni Charta